D1699432

N° ISBN : 2-84207-058-5

Les Forêts d'Alsace

Office National des Forêts

SOMMAIRE

1. D'où viennent les forêts ?

2. Une forêt plurielle

3. Petit arbre deviendra grand

4. La forêt : une mère nourricière

5. L'aménagement forestier : un outil de gestion à long terme

6. Santé des forêts

7. Le bois, produit de la forêt

8. Forêts d'Alsace : une précieuse richesse naturelle

9. La faune sous surveillance

10. La forêt pour tous

11. Les Eaux & Forêts, l'épopée du XIIème au XXIème siècle

12. En guise de conclusion provisoire...

Préface

La forêt a toujours intéressé l'Homme. N'a-t-elle pas constitué son habitat originel, alors qu'il vivait essentiellement de la cueillette comme moyen de subsistance ?

Mais, très rapidement, il l'a modifiée, transformée, détruite... d'abord grâce à la hache et au feu ; aujourd'hui par des techniques infiniment plus raffinées, subtiles, quelquefois même pernicieuses.

Oui, rares sont aujourd'hui les forêts européennes exemptes de toute action humaine et c'est d'ailleurs normal, si nous considérons l'homme élément de la nature. Mais alors qu'autrefois les politiques de gestion forestière étaient fondamentalement, voire presqu'exclusivement centrées sur le rendement, la productivité de bois, aujourd'hui elles prennent de plus en plus en compte l'approche écologique et les autres fonctions de ces écosystèmes : loisirs, chasse...

Le Conseil de l'Europe peut se féliciter d'avoir contribué à cette évolution des esprits et ce n'est pas par hasard que la première étude scientifique publiée par le secteur de l'environnement en 1968 - il y a donc 29 ans ! - était consacrée à "l'aménagement des forêts".

La coopération internationale s'est considérablement développée ces dernières années et de nombreuses initiatives ont tenté de concilier exploitation économique et gestion écologique. Je n'en citerai que deux :

- La "Conférence ministérielle pour la protection des forêts d'Europe" qui, suite à ses deux premières sessions (Strasbourg, 1990 et Helsinki, 1993) a développé un vaste et ambitieux programme de travail dont les premiers résultats seront examinés à l'occasion de la troisième rencontre, prévue au Portugal en 1998 ;

- La récente "Conférence ministérielle européenne sur l'environnement", tenue à Sofia du 25 au 27 Octobre 1995, lors de laquelle les délégations ont accepté un nouvel outil de coopération globale pour préserver notre patrimoine naturel : "La stratégie pan-européenne de la diversité biologique et paysagère". Cette stratégie comporte un plan d'action dans lequel la gestion adéquate des écosystèmes forestiers tient une place importante.

Comme les autres composants de notre patrimoine naturel, la forêt est l'objet de convoitises, de pressions toujours plus diversifiées et aux conséquences quelquefois imprévisibles.

Aussi toute publication, tout effort d'information mérite-t-il d'être vigoureusement soutenu, tout particulièrement lorsqu'il concerne l'Alsace, dont le patrimoine à cet égard est si riche et si diversifié.

Nos vives félicitations pour cette belle initiative.

Ferdinando ALBANESE
Directeur de l'Environnement et des Pouvoirs Locaux
au Conseil de l'Europe

Introduction

La forêt alsacienne mérite bien le pluriel : les forêts d'Alsace, de la vallée du Rhin aux Hautes Vosges, sont en effet très variées et on ne compte pas moins de douze régions naturelles forestières.

Cette diversité peu commune tient à la géographie, au climat, à la nature des sols. Du Jura alsacien au Sud jusqu'aux Basses Vosges Gréseuses du Nord, on peut voir, à quelques dizaines de kilomètres de distance à vol d'oiseau, des hêtres droits et majestueux de plaine, et des hêtres tortueux et rabougris à la limite des hautes chaumes, des chênes et des pins, des aulnes et des bouleaux, des sapinières et des forêts alluviales mélangées,...

La mystérieuse alchimie entre la terre, l'eau et la lumière crée des écosystèmes forestiers variés dans leur composition, leurs structures, leur richesse.

La forêt vit et se renouvelle ; elle accueille et protège une multitude de plantes et d'animaux : on peut y rencontrer le cerf, le chevreuil, le sanglier, le daim, le chamois, mais aussi le lynx et le chat sauvage, divers petits mammifères et de nombreux oiseaux.

En Alsace, les hommes et la forêt ont des liens très forts, presque charnels. Il y a, bien sûr, tous ceux qui y travaillent : forestiers, bûcherons, et tous ceux qui utilisent le bois à l'aval de la filière, qui emploie - on ne le sait pas assez - environ vingt mille personnes dans la région. Mais la forêt règne dans le coeur de tous les alsaciens. Promeneurs, chasseurs, naturalistes, sportifs ou contemplatifs, ils y trouvent un espace de liberté, un lieu magique de ressourcement.

Chacun certes aime la forêt à sa manière, parfois excessive, parfois irrespectueuse, parfois dévote, joyeuse ou mélancolique,... "Georgi aimait la forêt, cette forêt vieille comme une légende, douce comme une mère et sévère comme un père ; si tu la connais, si tu l'aimes, elle t'aimera, elle aussi". (Nicolaï LEVKOV)

Je souhaite qu'en lisant cet ouvrage, tous les amoureux de la forêt puisent quelques raisons supplémentaires de la connaître, de l'apprécier, et aussi de la respecter : elle constitue un élément fondamental de notre patrimoine.

*Jacky CAMPENET
Directeur Régional
de L'Office National des Forêts
pour l'Alsace*

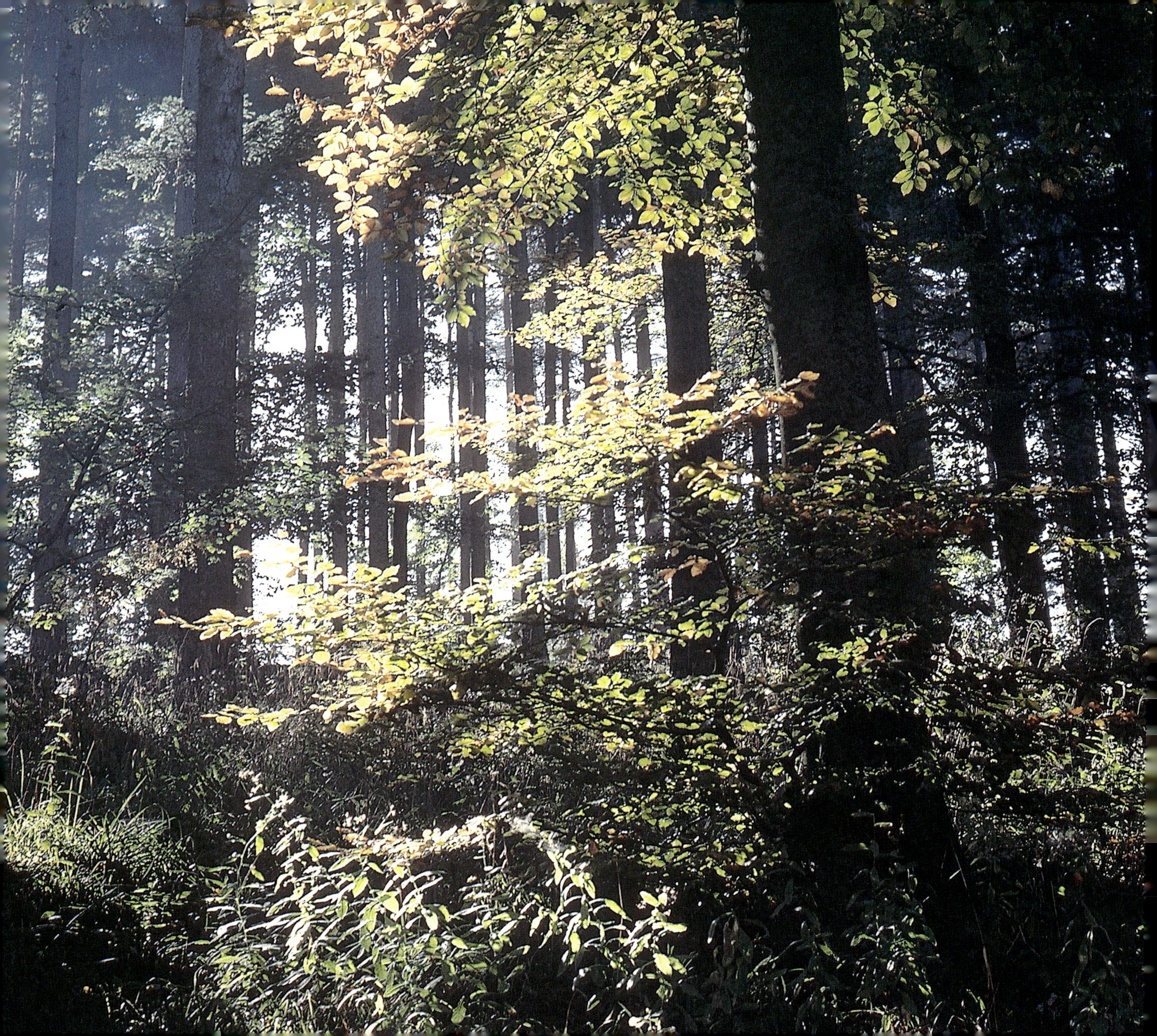

Des hommes pour la forêt

Travailler au service de la forêt. Un métier à part. Pas à cause des connaissances à acquérir pour l'exercer. Ni en raison de l'immense disponibilité qu'il exige.

La profession se distingue par la qualité des hommes qui l'embrassent. Ils ont un privilège rare. Celui de vivre au rythme qui laisse le temps à l'observation, à la réflexion.

Un tour des triages, de plaine comme de montagne, nous a fait rencontrer des agents qui ne se satisfont pas de remplir les obligations de leur fonction. Ils apportent tous, dans les domaines les plus divers, un plus à leur métier.

Ces hommes qui travaillent pour la forêt, parlent de leur passion. Sans entrer dans les détails, qu'ils soient scientifiques ou techniques.

Si l'envie vous prend d'approfondir l'un des sujets abordés dans les pages qui suivent, il vous suffira d'aller frapper à la bonne porte. Celle d'une maison forestière.

Daniel Walter -
Journaliste

La forêt mystique où le rêve est permis

La pénombre de la forêt est celle de toutes les peurs… Cela commence par nos contes d'enfant. Le petit chaperon rouge se rendant au chevet de sa grand-mère se devait bien de passer à travers une sombre forêt où le loup va guetter son passage ! Une sorte de peur innée va poindre, car la multitude d'arbres qui forme la forêt interdit toute vision. Ici nous entrons dans le domaine du fantastique car tout peut arriver dans ce clair-obscur. Les druides pénétraient dans la forêt pour y couper le gui sur le chêne le plus puissant qui soit. Le christianisme reprendra ce thème et fera habiter Saint Arbogast, le second évêque connu de Strasbourg, au pied d'un gros chêne dans la forêt de Haguenau qui sera bientôt nommée "la sainte forêt…" Le mystère qui se dégage des frondaisons a ainsi donné naissance à la forêt enchantée. On y rencontre les elfes gentils, au coeur d'une clairière, ils dansent pour exprimer la joie. Les fées y font des apparitions plus inquiétantes, en général elles ne surgissent que la nuit et n'aiment guère être surprises dans leur étrange manège. D'autres personnages fantomatiques peuplent cet univers de troncs et de feuilles, combien de chasseurs ont déjà été trompés par le "chasseur maudit" qui surgit soudainement pour les conduire en quelque lieu totalement inconnu d'où personne ne peut revenir… Ainsi la forêt étend son manteau de mystère et reste, dans le monde moderne, le seul lieu où le rêve est encore permis. Si nous en croyons la mythologie nordique, celle qui a vécu un temps dans la forêt vosgienne, les fils du géant Bor donnèrent naissance aux humains. Ces fils sont Odin, Vili et Ve. Un jour en se promenant sur une grève, ils virent deux troncs échoués. L'un provenait d'un frêne, l'autre d'un orme. Le trois dieux formèrent du tronc de l'orme la première femme, du tronc du frêne le premier homme. Odin recouvrit la nudité de la femme de sa cape et jeta sur l'épaule de l'homme sa tunique. Ces nouveaux êtres tournèrent le dos à la mer d'où ils venaient de surgir sous la forme du bois pour se diriger vers la terre et entrer dans la forêt nourricière.

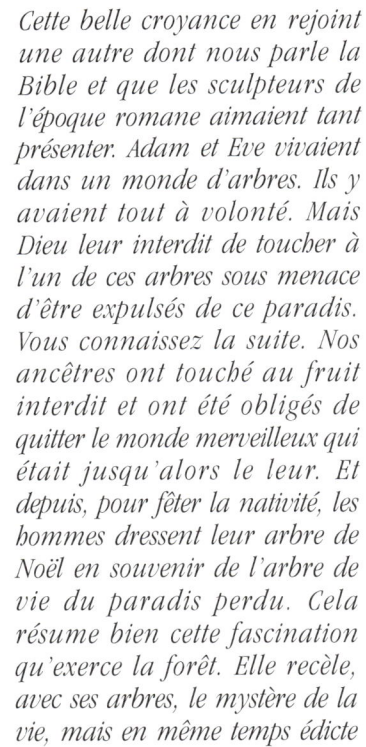

Cette belle croyance en rejoint une autre dont nous parle la Bible et que les sculpteurs de l'époque romane aimaient tant présenter. Adam et Eve vivaient dans un monde d'arbres. Ils y avaient tout à volonté. Mais Dieu leur interdit de toucher à l'un de ces arbres sous menace d'être expulsés de ce paradis. Vous connaissez la suite. Nos ancêtres ont touché au fruit interdit et ont été obligés de quitter le monde merveilleux qui était jusqu'alors le leur. Et depuis, pour fêter la nativité, les hommes dressent leur arbre de Noël en souvenir de l'arbre de vie du paradis perdu. Cela résume bien cette fascination qu'exerce la forêt. Elle recèle, avec ses arbres, le mystère de la vie, mais en même temps édicte les interdits et oblige au respect. L'homme semble avoir oublié cela ! La mythologie nordique ajoute que le jour du Ragnarok, - le crépuscule des Dieux - sera proche lorsque les arbres de la création humaine, c'est à dire l'orme et le frêne, commenceront à dépérir ! Qu'advient-il depuis quelque temps des ormes ? Ils meurent !

Guy Trendel
Ecrivain - Auteur
Bibliothèque alsatique du Crédit Mutuel

1

D'où viennent les forêts ?

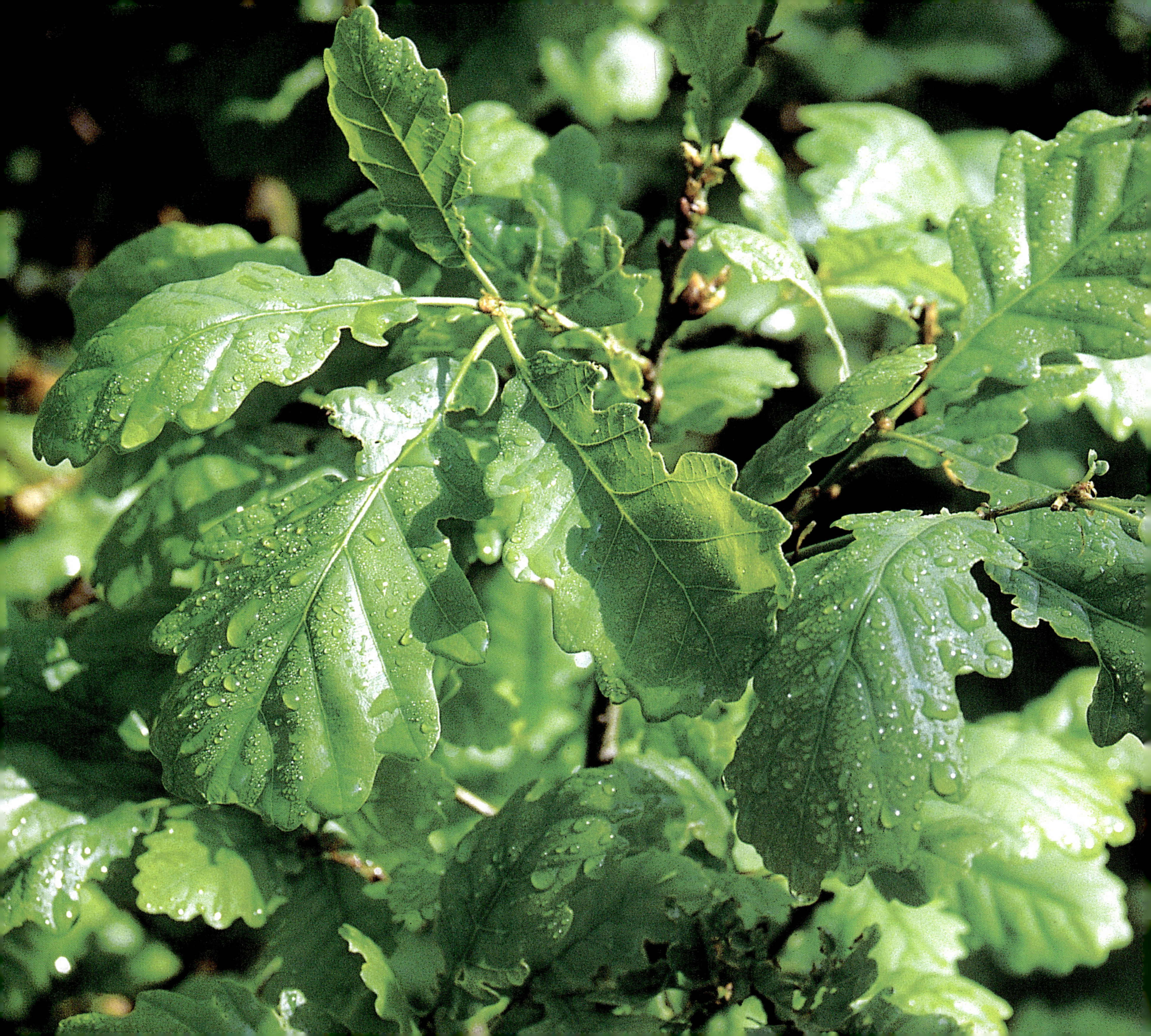

Feuilles de Chêne

En Alsace, la forêt est omniprésente puisqu'elle n'est jamais à plus de dix kilomètres d'une grande ville ou d'un petit village. Cette proximité permet à tous les amoureux de la nature d'en profiter pour satisfaire leur quête d'espace et d'authenticité.

Mais à côté de ce plaisir immédiat, de cette perception instantanée de la forêt, que savons-nous d'elle ? Cette forêt ou plutôt ces forêts, qui font partie de notre quotidien et qui occupent plus du tiers du territoire régional, avons-nous conscience de leur diversité, de leurs origines, de leur vie, de leur devenir ?

C'est au travers du domaine forestier géré par l'Office National des Forêts, soit près de 80 % des forêts alsaciennes, que vous pourrez découvrir au fil de cet ouvrage, l'histoire des Forêts d'Alsace et de ceux qui vivent avec elles.

1 - D'où viennent les forêts ?

La forêt nous vient du fond des âges. C'est un être vivant, le fruit de l'histoire de la terre et de l'histoire des hommes. Lente à croître, elle est le fruit du temps qui passe, des siècles et même des millénaires, mais aussi du temps qu'il fait, c'est à dire du climat et de la société.

Un peu de géologie

La géologie de l'Alsace est marquée par la lutte formidable entre le vieux massif *hercynien*^(*), et le grand fleuve impétueux et conquérant descendu des Alpes. Durant les derniers millions d'années, les glaciers ont érodé les Vosges de leur couverture sédimentaire récente, emportée ensuite par le fleuve, pour nous livrer aujourd'hui des roches primitives mises à nu, des grès peu fertiles, des côtes abruptes jalonnées de châteaux forts et découpées par d'innombrables *thalwegs*.

Dans la plaine, le Rhin pensait avoir gagné la partie. Au fil du temps, ses gigantesques crues glaciaires millénaires ou ses débordements annuels obstinés, ont nettoyé les sédiments, les dépôts que les torrents descendus des Vosges et du Jura apportaient pour le combler. Il s'était taillé un royaume large et divagant, mêlant ses eaux à celles de l'Ill, comparse venue du Sud, fertilisant la plaine. Mais depuis 150 ans les hommes ont commencé à le maîtriser, à l'asservir… et le Rhin a quitté son lit majeur pour couler sagement entre deux digues et passer à travers les turbines…

Entre la montagne et la plaine domestique nous trouvons une zone de transition, celle des basses collines, des terrasses du *piémont*, en bordure des grandes failles. Les sols plus mélangés, quelques restes de couches sédimentaires et un climat privilégié, y ont longtemps favorisé la concentration de l'habitat, et des activités humaines : "les clochers et les vignes" disait Hansi. On y rencontre aussi des forêts.

La forêt alsacienne est donc implantée sur des sols très variés. Elle vit aussi sous l'influence de conditions climatiques diversifiées : malgré la relative clémence des demi-saisons, chacun sait que les étés sont chauds et secs, souvent orageux et que les hivers peuvent être très rudes en montagne. La pluviosité, facteur déterminant de la croissance des forêts diminue très rapidement de la crête des Vosges (plus de 2 m par an au Ballon d'Alsace et au Hohneck), au Rhin (Colmar détient le record de France de sécheresse avec seulement 500 mm/an).

^(*) *Les termes en italique sont définis dans le lexique en fin d'ouvrage.*

◀ *Forêt mélangée de feuillus et résineux au Hunebourg (Forêt Domaniale de Saverne).*

La diversité des conditions de sol et de climat se retrouve dans celle remarquable des *écosystèmes* forestiers : on ne distingue pas moins de douze régions naturelles forestières, considérées comme relativement homogènes, ce qui est exceptionnel sur une telle surface.

La forêt vient du fond des âges

Les forêts que nous connaissons aujourd'hui, avec leur variété d'essences, se sont installées au fur et à mesure que les glaciers ont reculé. Ce recul entamé il y a 12 000 ans, a permis à la forêt de se remettre en marche.

Le pin et le bouleau sont apparus en premier, puis le chêne, l'érable, le charme, et enfin le hêtre et le sapin, ces derniers profitant du climat plus doux et humide, il y a 6 000 ans.

L'influence des hommes

Si la forêt est le produit du sol, elle est également influencée par les activités humaines depuis la préhistoire.

En Alsace, la forêt se trouvait partout. L'homme commence à marquer la forêt de son empreinte au néolithique, il y a 5 000 ans.

Forêt Communale de Sewen. ▼

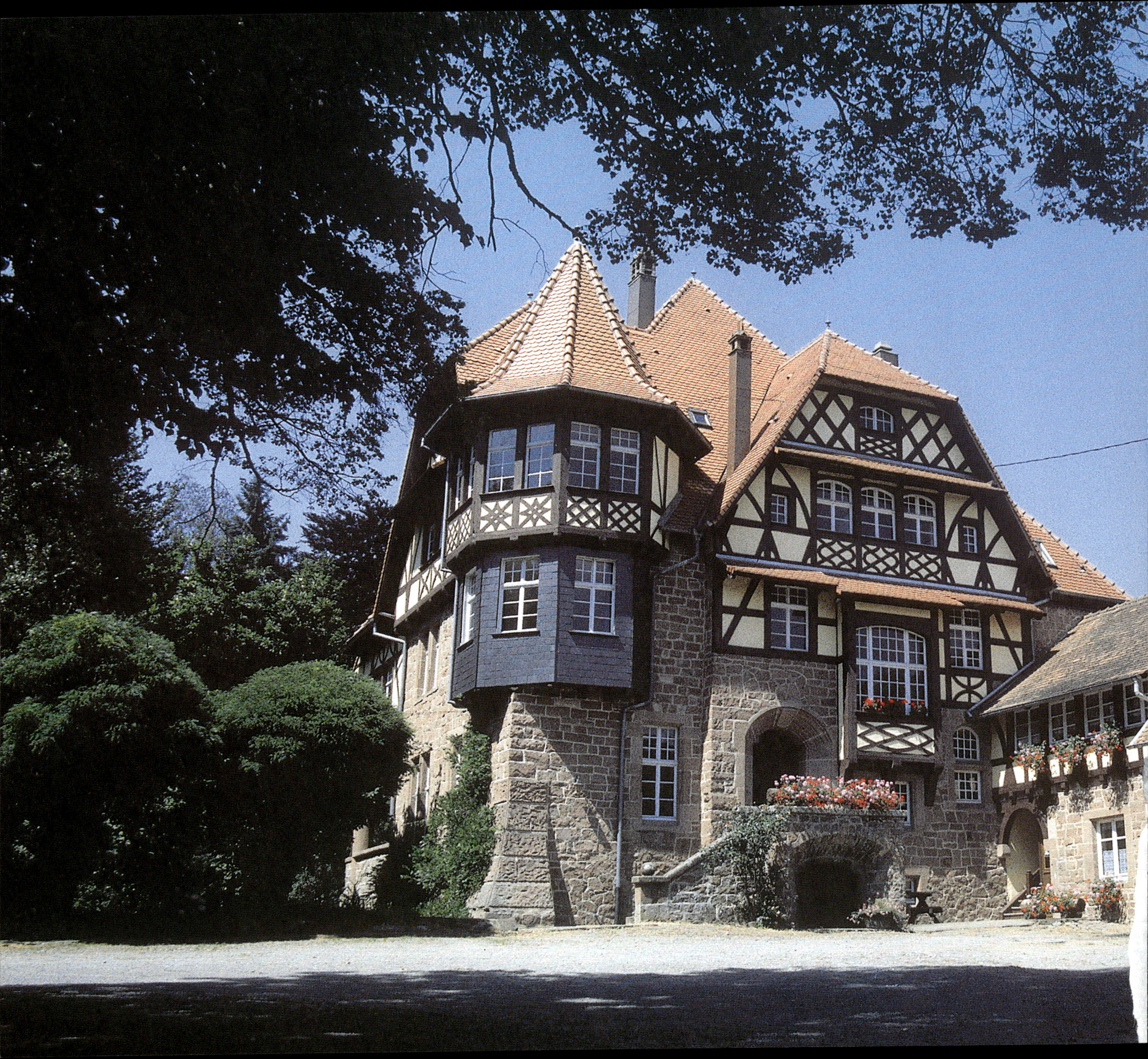

Au cours des âges, l'homme a profondément agi sur la forêt : il l'a fait parcourir à ses troupeaux, il en a défriché de vastes étendues pour y développer les pâturages qui faisaient la richesse des Hautes-Vosges. Il l'a morcelée, il en a usé et abusé pour se nourrir, se chauffer, construire et reconstruire. Des droits d'usage concédés par des seigneurs ou des abbayes affectent aujourd'hui encore des forêts entières.

Jusqu'au début du siècle dernier, la forêt est quasiment le seul fournisseur de tous les besoins des hommes en matières premières de base, en énergie. Elle constitue la seule source de chauffage domestique et d'alimentation des forges, des fours de verriers ou de potiers, très nombreux dans toutes les vallées vosgiennes et dans la forêt de Haguenau. Le bois est encore très utilisé dans les constructions traditionnelles.

A l'issue de la Révolution et des guerres d'Empire, la forêt française est ruinée : elle n'occupe plus que 7 millions d'hectares (nous avons aujourd'hui dépassé les 14 millions). L'Alsace n'est pas mieux lotie à en croire les rapports qu'en font à cette époque les autorités régionales. Voici ce qu'en disait en 1798 un Professeur d'Histoire naturelle dans le Haut-Rhin : "les forêts abattues, tant dans les plaines que sur les montagnes, ont changé le climat, ont ouvert des passages aux vents qui font périr les fleurs des arbres et des vignes, changent les pluies en ondées, les montagnes en rochers stériles, les plaines en champs brûlants ; et l'influence qu'elles ont sur la santé de l'homme n'est peut-être pas moins grande".

Pour faire face à ces graves difficultés, l'Etat crée au début du XIXème siècle une Administration Forestière moderne (1820) fondée sur un enseignement performant (création de l'Ecole de Nancy en 1824) et la promulgation du Code Forestier (1827). La mise en place de ce dispositif complet, joint à un développement industriel fondé sur d'autres sources d'énergie (charbon, houille blanche puis pétrole) a permis la reconstitution et l'enrichissement progressifs des forêts, malgré les dommages importants causés par les guerres de 1914-1918 et 1939-1945, dont les traces resteront encore visibles longtemps, notamment en ce qui concerne les bois mitraillés.

Nous reviendrons sur l'histoire de la forêt alsacienne…

◀ *Maison forestière domaniale d'Haslach : ancien pavillon de chasse de Guillaume II - actuellement centre de formation.*

Les sapins

Les sapins en bonnets pointus
De longues robes revêtus
Comme des astrologues
Saluent leurs frères abattus
Les sapins qui sur le Rhin voguent

Dans les sept arts endoctrinés
Par les vieux sapins leurs aînés
Qui sont de grands poètes
Il se savent prédestinés
A briller plus que des planètes

A briller doucement changés
En étoiles et enneigés
Aux Noëls bienheureuses
Fêtes des sapins ensongés
Aux longues branches langoureuses

Les sapins beaux musiciens
Chantent des Noëls anciens
Au vent des soirs d'automne
Ou bien graves magiciens
Incantent le ciel quand il tonne

Des rangées de blancs chérubins
Remplacent l'hiver des sapins
Et balancent leurs ailes
L'été se sont de grands rabbins
Ou bien de vieilles demoiselles

Sapins médecins divagants
Ils vont offrant leurs bons onguents
Quand la montagne accouche
De temps en temps sous l'ouragan
Un vieux sapin geint et se couche.

Guillaume APPOLINAIRE

◀ *Carte de Cassin.*

2
Une forêt plurielle

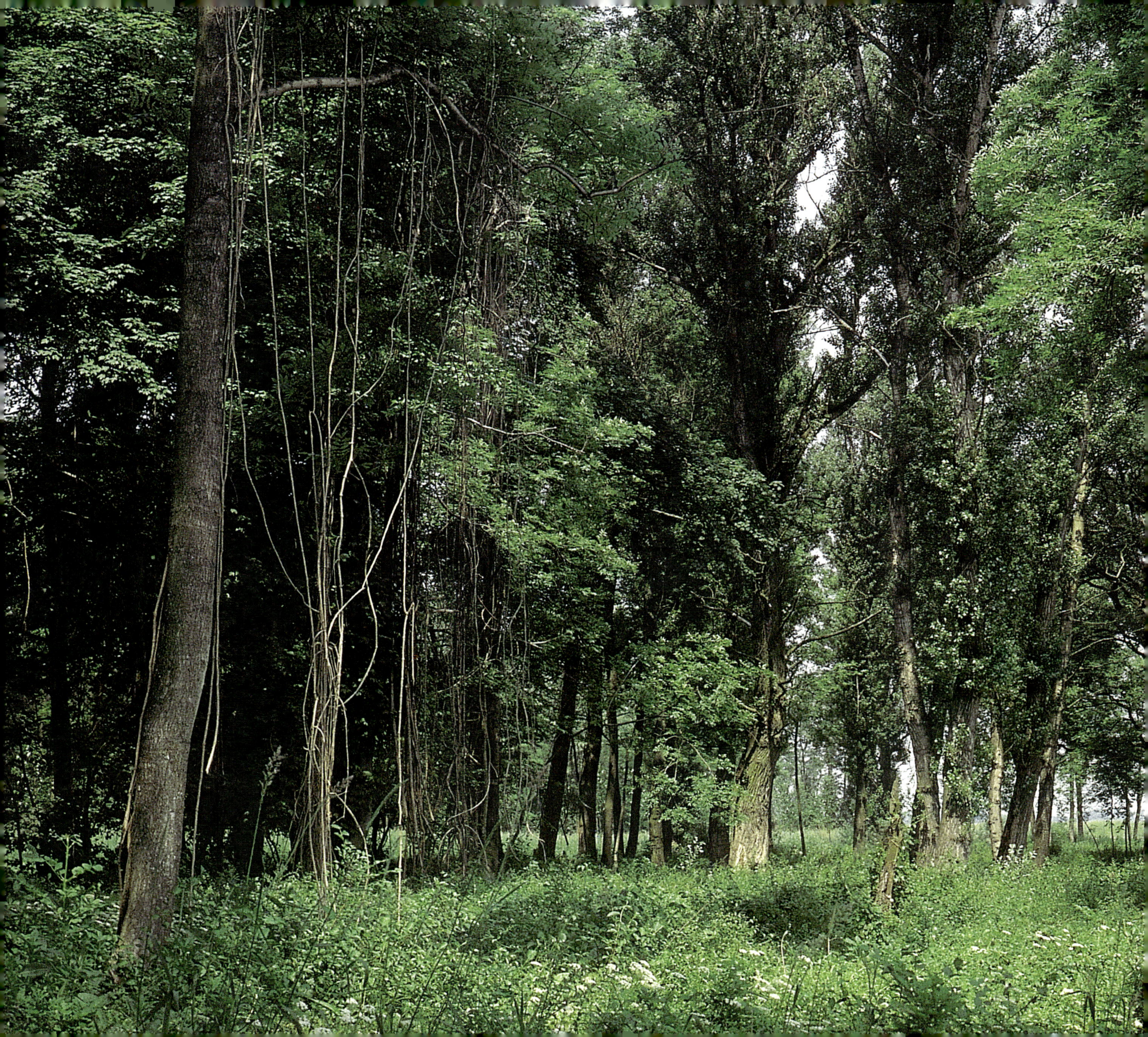

2 - Une forêt plurielle

En Alsace, la forêt est partout. Pas un village ou une bourgade qui n'ait une forêt à proximité. Chênes, sapins, hêtres, pins, érables et frênes s'y côtoient : mais à chaque terroir son cachet, à chaque région ses forêts.

Promenons-nous dans les bois…

… en montagne

Le climat y est rude, la pente parfois abrupte, le rocher saillant : c'est le domaine privilégié des résineux, bien armés pour résister aux intempéries et au relief.
Sapin, épicéa ou pin sylvestre se mélangent, au coeur de forêts profondes et mystérieuses aux hêtres, érables, bouleaux, sorbiers…
En haute montagne lorsque l'altitude dépasse 1 000 mètres, seuls quelques feuillus comme le hêtre, parfois rabougris, courbant l'échine, supportent le vent et le froid. Les *chaumes* prennent alors la place abandonnée par les arbres.

◀ *Forêt rhénane d'Offendorf*

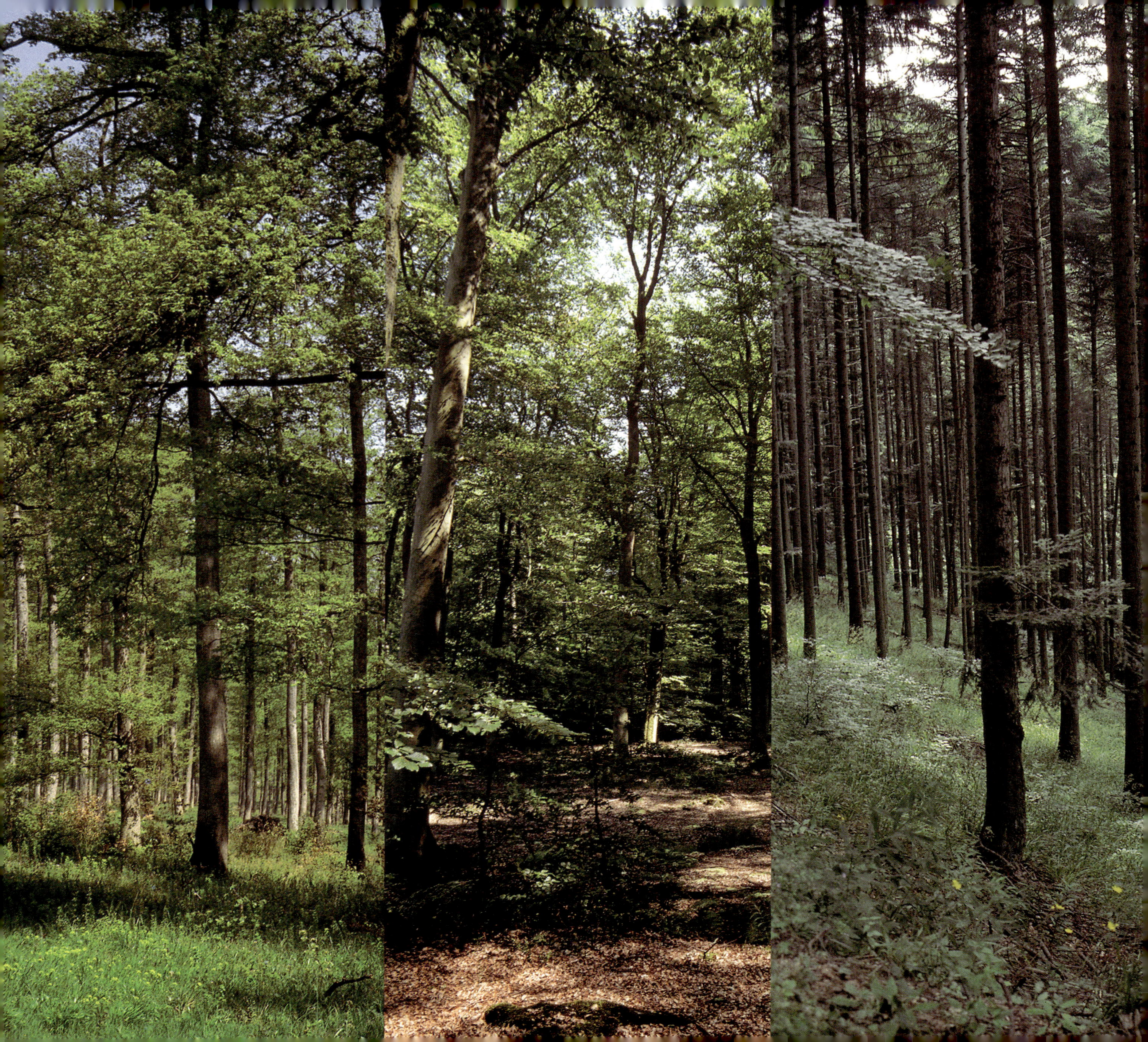

... dans le piémont

Tournées vers la plaine qu'elles surplombent, les forêts des collines servent d'écrin aux nombreux châteaux-forts du moyen âge. La proximité des villages et du vignoble les a longtemps façonnées : *taillis* de chênes et de châtaigniers pour fournir les échalas de vignes, le *tanin* pour la *mégisserie* et le bois de feu pour les habitations.
Les meilleures qualités de chêne s'y trouvent : les bois de tonnellerie, de tranchage et d'ébénisterie, créés lentement, patiemment, fruits d'un long savoir-faire forestier.

... et en plaine

Forêt complexe, aux mille visages. A côté des *rieds*, inondés et fertiles, la forêt de la Harth souffre sur son aride terrasse caillouteuse. Loin des massifs compacts de Haguenau ou du Sundgau, se trouve une constellation de petites forêts de plaine.

L'eau façonne les forêts *alluviales* : le Rhin, l'Ill, les rivières vosgiennes forment un réseau qui alimente des massifs forestiers riches en espèces variées. Imaginez ! Plus de 40 essences d'arbres et d'arbustes.

Une forêt galerie, rappelant celles des régions tropicales, existe ici, en Alsace ! C'est une richesse écologique unique en Europe.
Saviez-vous que les influences méditerranéennes impriment leurs marques jusque chez nous ? Le chêne *pubescent*, et quelques plantes méridionales trouvent dans la Harth leur dernier retranchement. Mais ces chênaies, à la croissance difficile, connaissent épisodiquement des crises de dépérissement.
Le Sundgau, bien arrosé par les vents d'Ouest, riche de ses *limons*, se pare de majestueuses hêtraies productives d'un bois de haute qualité.
La forêt sainte de Haguenau repose sur une terrasse issue de l'érosion des Vosges du Nord : la forêt boréale y subsiste encore, mêlant pins sylvestres, chênes et bouleaux.

Tropicales, boréales, méditerranéennes, montagnardes ? Les forêts d'Alsace constituent une mosaïque forestière variée et diversifiée qui a conservé la mémoire des temps anciens.

◀ *La forêt plurielle : chênaies, sapinières, hêtraies.*

Stechpalmen : le houx

…"Beaucoup d'arbres et d'arbrisseaux ont des épines sur le tronc et sur les branches, comme : la prunelle, l'églantine, les poires et les pommes sauvages de Poméranie.
D'autres ont de petites épines qui poussent plus tard sur le tronc et sur les feuilles : framboises, mûres, baies sauvages.
En troisième lieu, il y a les arbustes qui ont leurs épines de défense uniquement sur le feuillage, tel le genévrier.

Certains peuvent devenir hauts, mais d'autres restent très bas, comme ceux que l'on rencontre dans la forêt de Haguenau où ils forment une haie.
L'enveloppe extérieure des branches est de couleur verte sauf sur les grosses branches où elle est couleur cendre.
Ses feuilles piquantes deviennent très charnues, ressemblent aux plantes de la famille des lauriers et elles restent vertes tout l'hiver.
En automne, on trouve des baies rouges sur les plants. Celles-ci ne sont pas plus grandes que les baies d'églantine, mais elles ont un goût bizarre et désagréable.
Même les savants ne savent réellement dans quelle famille classer le houx. Il pourrait être un dérivé du laurier. On ne sait à quoi il pourrait réellement servir, mais de vieilles femmes disent que boire une décoction de feuilles de houx enlève les points de côté"…

*Extrait du livre "Kreüterbuch"
de Otto Brunnfelß - 1532*

Aux sources de la forêt

*Pour moi la forêt c'est l'évasion. La fuite vers un autre monde où le silence est d'or et la parole est bannie, hormis le doux gazouillis reposant de ses hôtes. Ici, point de bruit, rien que des sons, naturels, musicaux, apaisants.
Enfant d'Epinal, sage comme une image, mon premier amour fut la forêt dont, ne marchant pas encore, j'épousais les contours des chemins à cheval sur le dos de mon père. Tel un fier conquistador découvrant de nouvelles terres sur son vaisseau. A peine sur mes jambes, les champignons furent ma première passion filiale conservée comme l'éco-souvenir d'un père certes disparu, mais tellement présent sur cet autel vivant où je communie avec ferveur chaque automne, à genoux dans les frondaisons, à quêter mon graal gourmand.*

Inoubliable respiration indispensable à mon équilibre, les Vosges furent l'une des raisons libertaires qui guidèrent un jour ma démarche professionnelle vers l'Alsace plutôt que dans une autre région de France. Colin rimant avec sapin depuis l'enfance passée à Bussang à gambader sur les chaumes du Drumont ou du Rouge-Gazon, le choix ne fut point cornélien qui me fit m'enrouler dans mon cocon ombilical épineux et parfumé comme cette cervoise à naître au sapin et au miel des Vosges. Tel un Linus écolo, cerclé de ma ceinture protectrice renforcée de mon amour pour la dive mousse, mon moi (pédestre et non pédant) adore parcourir monts et vaux du Piémont des Vosges à ses sommets. A la recherche de mes mânes celtiques, j'en ressens l'intime présence au coeur de ces arbres qui me sont si chair qu'ils palpitent en moi. Persuadé de renaître plus fort en leur sein gorgé de sève nourricière comme cette bière à qui je dois de ne pas les avoir quittés.

*Pour moi la forêt est enchantée, unique et immortelle fée Morgane, sans cesse en quête du Merlin qui pourrait l'enfanter à nouveau de ses fils perdus. Ceux-là même qui se firent appeler Arthur, assis à une table ronde annonciatrice de nos stammtischs d'aujourd'hui, rassembleur des preux chevaliers du malt que nous sommes.
Forêt je suis, Forêt je reste, possédé par le bien qu'elle me fait. Universelle et intemporelle, elle me rappelle Cérès, fille de Saturne et de Cybèle, lorsqu'épuisé mentalement, je me ressource, momentanément immortel, aux sources bienfaitrices de cette amante religieuse dont on ne divorce pas, ni dans la vie, ni dans la mort.*

*Jean Claude Colin
Auteur*

Petit arbre deviendra grand

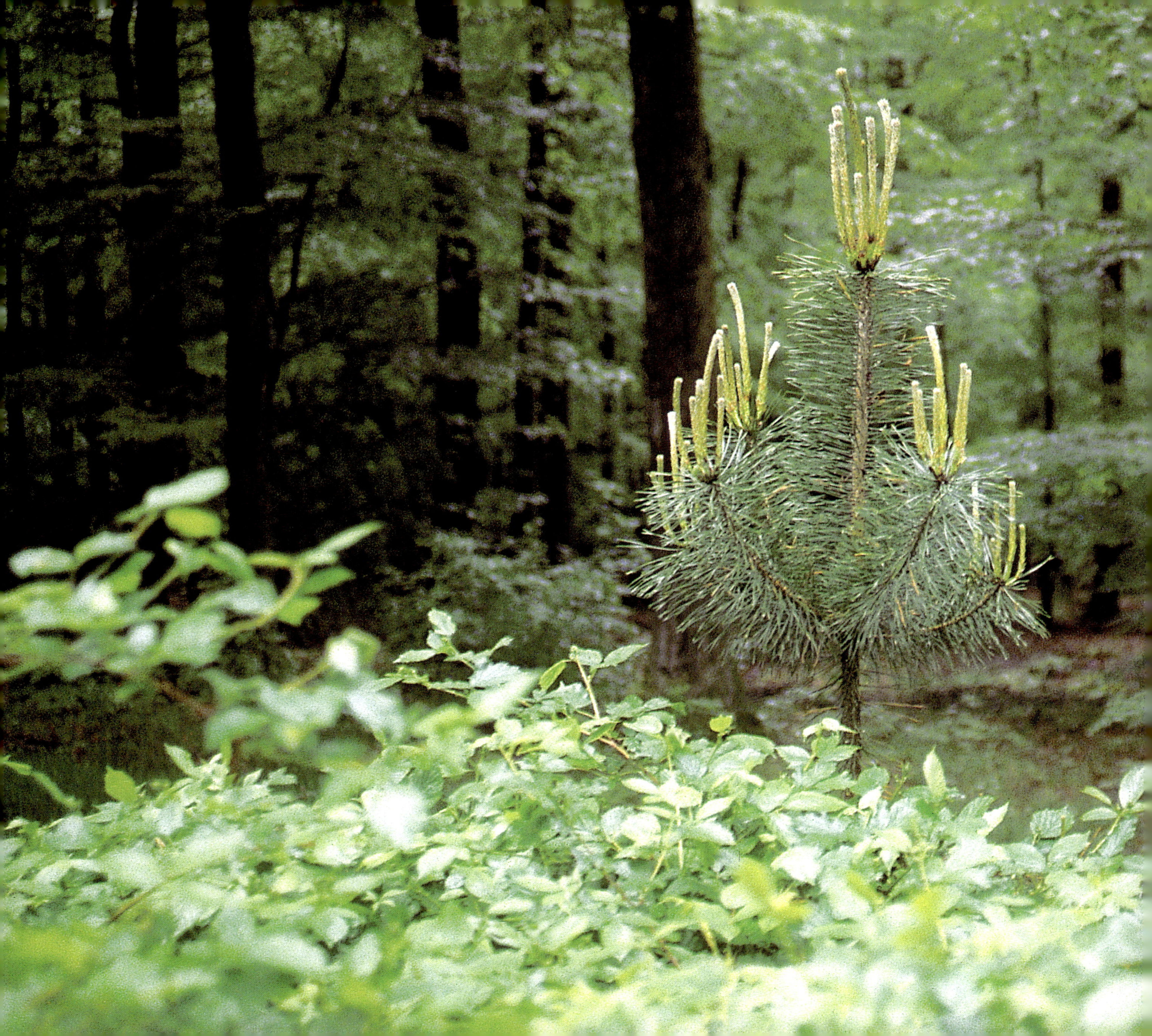

3 - Petit arbre deviendra grand

Le cycle de la vie, de la naissance à la mort, au gré du temps, c'est aussi celui des forêts et des arbres. A chacun son rythme :

- lent, séculaire, pour le chêne et le pin qui demandent 150 à 250 ans pour parvenir à leur maturité ;
- patient, sous le couvert de leurs parents avant l'explosion d'une pleine vitalité pour le hêtre, le sapin, l'épicéa, mais aussi le frêne et les érables ;
- impétueux, avide d'espace et de soleil pour le bouleau, le douglas, le saule et le mélèze.

Petit arbre…

Né au pied de ses parents ou amené par le forestier, il lui faudra se battre pour la lumière et pour l'eau. La sélection est sévère pour atteindre, en 10 à 50 ans, la taille d'une perche. Si la nature exerce son pouvoir régalien d'élimination des plus faibles, le forestier favorise les arbres de qualité, sujets d'avenir que ses petits-enfants pourront récolter.

… mûrit

Après 60 ans, la jeune *futaie* demande toujours à être progressivement éclaircie : les premières récoltes de bois commencent, au rythme d'une coupe de bois tous les 6 à 8 ans.

◀ *Jeune pin sylvestre issu de régénération naturelle.*

... deviendra grand.

Les années passent, accumulant au gré des *cernes*, un embonpoint méritoire : car, pour être apprécié du scieur et de l'ébéniste, notre arbre doit certes être beau, mais aussi de bonne dimension et de rondeur parfaite.
Rectiligne, peu branchu, au fil bien droit, à la couleur chaude et plaisante, sans bosse ni fente : après 150 ans, cet arbre existe-t-il ? Il est alors la récompense d'une longue patience, l'oeuvre de plusieurs générations d'hommes et de femmes amoureux de leurs forêts et attentifs à leurs arbres.
Car nombreux ont été les cerfs tentés par la tendre feuille du jeune arbre, les coups de vent destructeurs, les maladies ou les insectes ravageurs.

Hêtraie en Forêt Domaniale d'Haslach. ▶

Une vie en communauté

Loin des arbres des champs, les arbres des bois évoluent au sein d'une population, d'un peuplement disent les forestiers.

Des peuplements de frères…

Réunir en une même parcelle des arbres d'âge analogue, frères et soeurs d'une même génération : cette futaie est dénommée régulière. Le rôle du forestier est d'accompagner, au cours du temps, chaque génération à sa maturité.

… ou des peuplements familiaux.

Conserver ensemble, sur une même parcelle, plusieurs générations, mêlant jeunes arbres, adolescents vigoureux et vieux arbres en fin de vie : irrégulière sera cette forêt où il faudra éviter les conflits de génération.

Quels choix en Alsace ?

Traditionnellement, les forestiers ont privilégié les peuplements à caractère régulier. Depuis les années 1980, l'émergence de nouvelles préoccupations : paysagère, écologique ou encore économique, ont milité pour que les peuplements irréguliers trouvent également leur place dans les forêts d'Alsace.
La diversité du traitement des forêts est un gage de richesse et de stabilité.

Bernard Schahl fait son marché en forêt

L'hôtel-restaurant de la Fischhutte, sur les hauteurs de Mollkirch doit son existence à la forêt. "C'était une ferme. Quand les promeneurs en quête de casse-croûte ont été de plus en plus nombreux à s'y arrêter, mes grands-parents ont ouvert une auberge" se souvient Bernard Schahl, le maître des lieux. C'était il y a une bonne trentaine d'années.

Beaucoup de citadins découvraient alors les vertus d'une sortie au grand air. Et l'établissement s'est développé en partie grâce à la migration hebdomadaire des strasbourgeois vers la forêt. Une forêt dont les membres de la famille Schahl restent très proches. Dans tous les sens du terme.

Bernard Schahl aime s'y évader le matin avant le coup de feu dans les cuisines. Il y fait, en partie, son marché.

"Sortir à l'aube pour ramasser des cèpes, c'est plus qu'un plaisir, c'est une drogue. Je n'ai jamais pu et je ne pourrai jamais m'en passer".

A la saison des champignons, les escapades forestières de Bernard Schahl sont quasi quotidiennes. "Pas le samedi et le dimanche pour ne pas gêner les chasseurs et parce qu'il y a souvent trop de monde". Le propriétaire de la Fischhutte aime en effet se donner la sensation d'avoir la forêt pour lui tout seul : "quand j'y rentre alors que, parfois, le jour n'est pas levé, j'ai la douce impression qu'elle m'appartient".

Au fil des saisons, M. Schahl ne rate pas une cueillette : les mûres, les myrtilles, les framboises, et, à l'automne, les châtaignes. Une merveilleuse matière première pour préparer les sorbets dont se régaleront les gourmets après un bon repas. Ou encore les confitures, qui au petit déjeuner, feront le bonheur des clients de l'hôtel.

Quant aux châtaignes, elles accompagneront à merveille les choux rouges servis avec le gibier chassé dans les massifs voisins. Biche, sanglier, chevreuil tiennent une grande place sur la carte de la Fischhutte.

Au pied des ruines du Guirbaden et du Purpurkopf, sur les rives de la Magel, Bernard Schahl met le meilleur de la forêt dans l'assiette.

La forêt : une mère nourricière

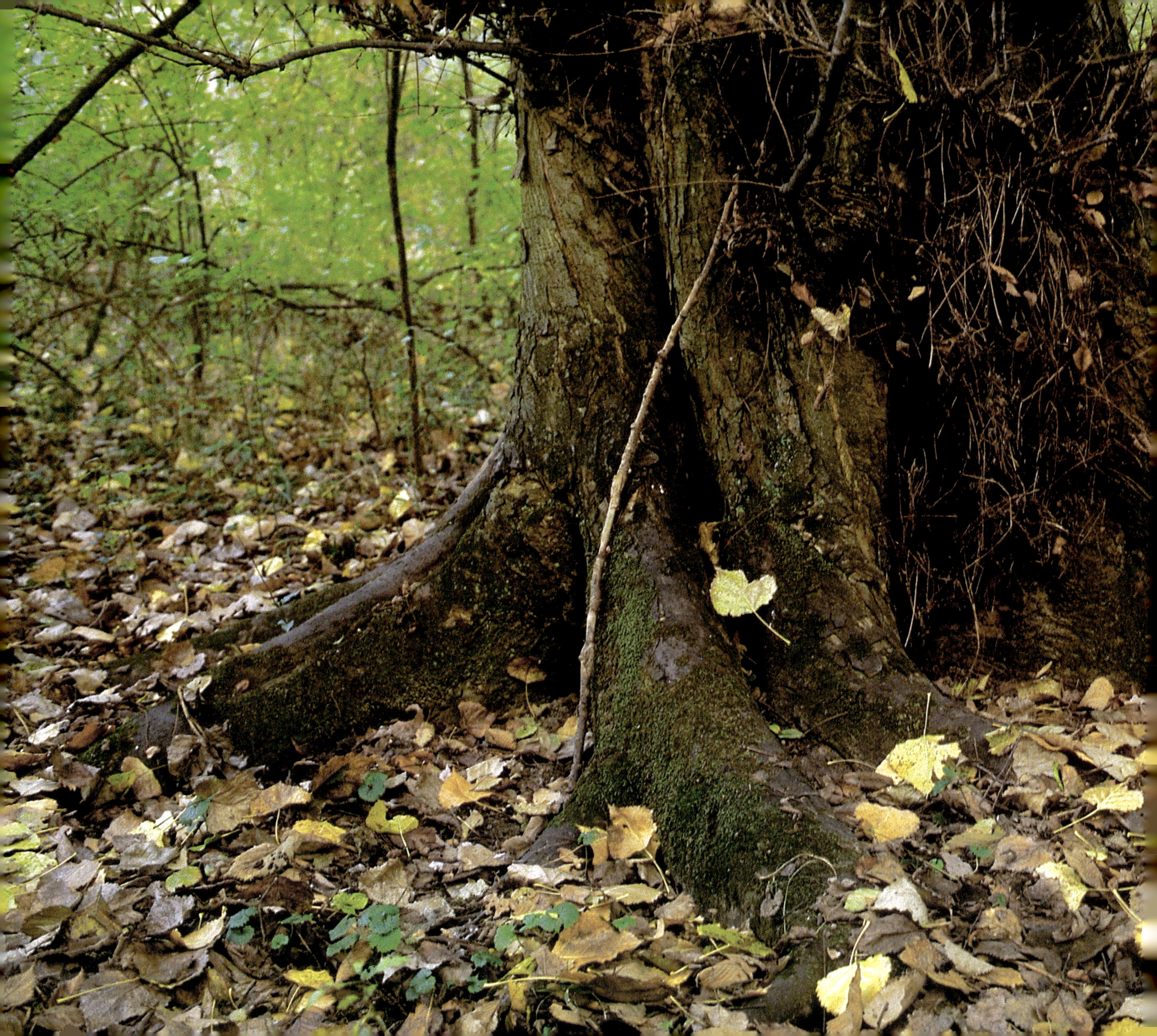

4 . La forêt : une mère nourricière

La forêt protège…

Elle joue un rôle essentiel dans le maintien des grands équilibres naturels qui régissent à la fois le sol, le climat et l'ensemble de la faune et de la flore.

La forêt protège les sols de l'érosion et régularise le régime des eaux. Elle atténue le bruit et purifie l'atmosphère. La forêt est un organisme vivant, qui fixe le gaz carbonique produit par nos sociétés industrielles. Elle contribue à la régulation des climats et à la diminution de l'effet de serre.

Enfin, la forêt est l'habitat privilégié d'une myriade d'espèces de la faune et de la flore ; c'est un réservoir de biodiversité et un conservatoire de gènes.

◀ *Pied d'un orme en Forêt Communale de la Wantzenau.*

La forêt produit du bois et des emplois

La production de bois de qualité est recherchée partout où les conditions écologiques et les autres fonctions de la forêt le permettent. Grâce à une *sylviculture* en constante évolution, à des peuplements sans cesse améliorés et enrichis, la production est soutenue et en augmentation régulière. La récolte des bois se fait dans le respect des *aménagements forestiers*, approuvés par l'autorité ministérielle et avec le souci permanent de maintenir la pérennité du patrimoine forestier.

La forêt représente en Alsace 37 % de la surface, elle joue une rôle important dans l'aménagement du territoire par sa capacité à générer et à fixer des emplois, particulièrement en zone rurale.

En Alsace, la filière bois emploie environ 20 000 personnes.

◀ *Scierie F. Braun à Heiligenberg.*

La forêt accueille

En périphérie des grandes agglomérations mais aussi au plus profond de la campagne d'Alsace et du massif vosgien, la forêt offre sous ses *frondaisons* un espace de quiétude, de découverte, de bien-être, prisé des citadins, des randonneurs et des amoureux de la nature…
La forêt est vivante et nos forêts alsaciennes assurent leurs multiples fonctions à des degrés divers selon leur nature et leur implantation.

◀ *Parcours sportif de Vendenheim.*

Jean-Paul Latour, agent ONF : le choix d'un métier

Le béret basque, la mine joviale, Jean-Paul Latour a le look pour figurer dans une publicité sur les pruneaux d'Agen ou le cassoulet de Castelnaudary. Vous l'aviez deviné, Jean-Paul Latour est originaire du Sud-Ouest. Du plateau de Lannemezan plus précisément. Il en a gardé l'accent et les recettes du bien vivre.

Tout jeune déjà, il voulait devenir forestier. "Mais chez moi le métier avait mauvaise presse... Ça ne paie pas, me répétait mon père". Alors le jeune Pyrénéen a touché à l'électronique. Sans grande conviction. Puis il a opté pour une carrière militaire. "J'ai passé 5 ans en Allemagne. J'ai sympathisé avec les forestiers que j'avais rencontrés lors des exercices et des manoeuvres. Je passais toutes mes permissions en leur compagnie".

Quand la porte de l'ONF s'est entrouverte par le biais des emplois réservés, Jean-Paul Latour s'y est engouffré. "Mais j'ai tenu à être nommé en Alsace. Pas parce que j'avais épousé une fille d'ici. J'ai choisi un type de gestion de la forêt. Elle est ici plus pointue que dans le reste de la France, où les arbres sont vendus sur pied. Suivre la coupe, trier les bois, animer les équipes de bûcherons, voir le résultat du travail effectué... Voilà ce qui fait l'intérêt du métier".

Jean-Paul Latour n'a jamais regretté son choix. Même s'il avoue que la montagne lui manque. Normal, quand on a grandi dans la vallée de la Neste, entre les cols d'Aspin et de Peyresourde.

Voilà une vingtaine d'années qu'il gère les bois communaux de Gries, de Kurtzenhouse, d'Oberhoffen. Depuis peu, il s'occupe également d'une forêt privée.

Au début il y eut l'inévitable période d'adaptation pour un "Hargelofene" (terme dialectal désignant celui qui vient d'ailleurs). "Avant moi, les gens traitaient avec des forestiers expérimentés. J'arrivais, j'étais tout jeune. Et en plus je ne parlais pas alsacien. Je ne pouvais même pas utiliser l'allemand appris pendant mon séjour outre-Rhin. C'était très mal vu. Alors, j'ai fait des efforts pour m'intégrer à la communauté villageoise. Mes activités personnelles m'ont permis d'avoir de nombreux contacts. Je suis entré dans des associations d'aviculteurs, d'arboriculteurs. Il m'a semble-t-il fallu deux ans pour être accepté par tous... Je me souviens qu'au début, les gens profitaient du jour où mon épouse était à la maison pour venir demander une autorisation de façonner les déchets de coupe ou une carte de ramassage de bois mort".

Aujourd'hui encore, quand il assiste à un conseil municipal ou une vente de bois, Jean-Paul Latour choisit ses voisins. Ceux dont il sait qu'ils seront d'efficaces interprètes, s'il ne saisit pas toutes les subtilités d'un débat en dialecte.

Illustration : F. Keller

L'aménagement forestier : un outil de gestion à long terme

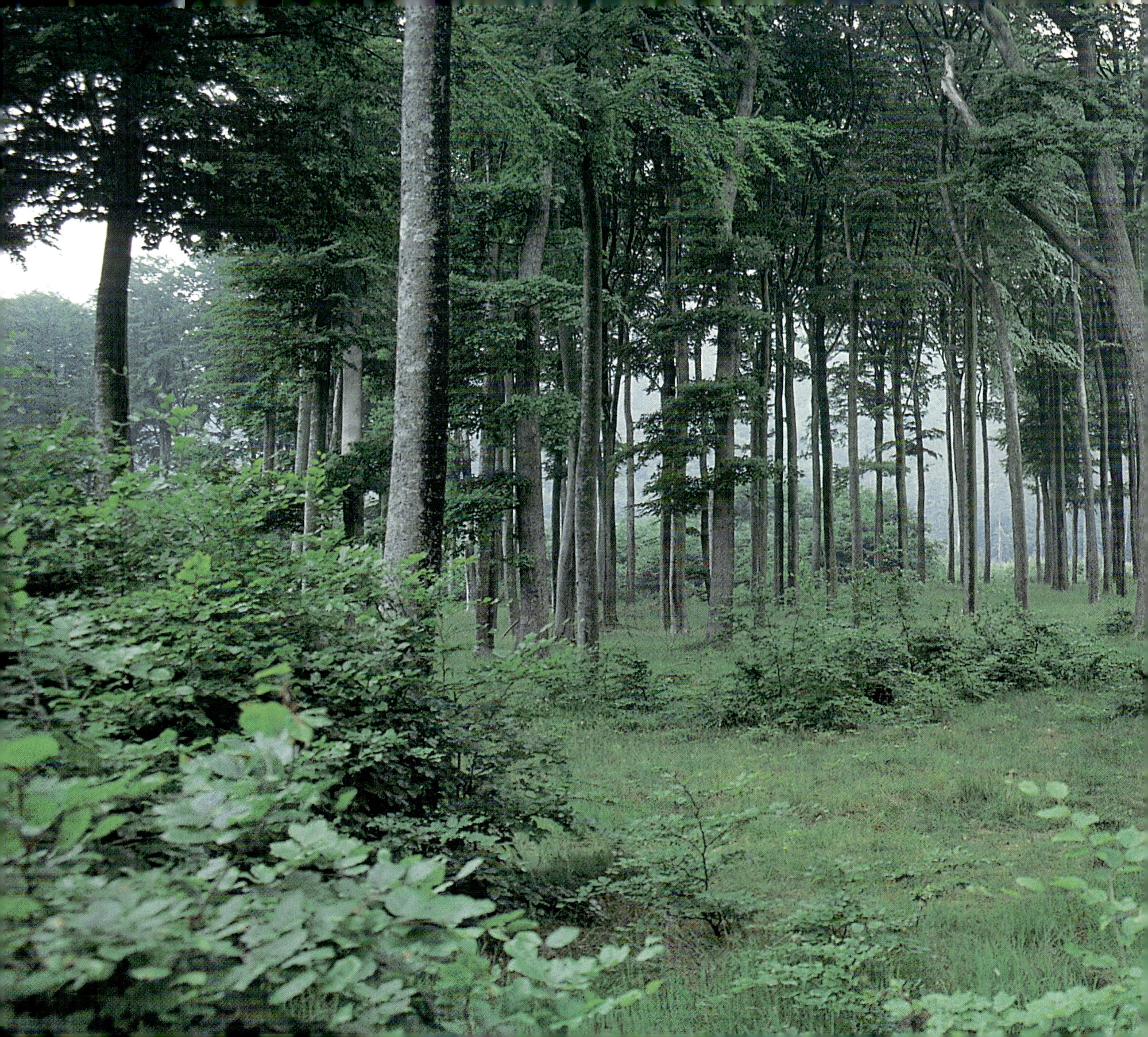

5. L'aménagement forestier : un outil de gestion à long terme

La gestion forestière n'est pas le fait du hasard, elle repose sur un ensemble complexe d'études et de raisonnements, qui organisent les actions à conduire. En France, pays de vieille tradition forestière, l'aménagement forestier est apparu dès le milieu du XIVème siècle afin d'assurer la pérennité de la forêt et pour "soutenir"[1] les possibilités de récolte au cours du temps. Ce souci de renouveler le patrimoine forestier à des échelles dépassant largement celle d'une vie humaine caractérise la notion de *gestion durable* : léguer aux générations futures une forêt belle, riche et saine.

L'aménagement forestier repose sur un principe fondamental : la *gestion intégrée*, qui cherche à concilier, au mieux, la protection de la nature, les activités économiques, sociales et culturelles.

Ce document qui sert de base à l'action quotidienne des forestiers, s'appuie sur des techniques de plus en plus élaborées et prend en compte la complexité des milieux naturels.

[1] soutenir : le vieux français soutenable a donné en anglais sustainable ;
Sustainable developpement signifie actuellement développement durable : juste retour des choses.

◀ *Mélange chêne-hêtre en Forêt Domaniale d'Haslach.*

La forêt est un organisme vivant complexe, régi par les lois de la nature ; elle vit, elle respire, elle meurt, ...
Gérer une forêt c'est aussi obéir : "imiter la nature, hâter son oeuvre" selon la célèbre maxime de Parade, directeur de l'école forestière de Nancy de 1838 à 1864.

◀ *Hêtraie en automne*

Martelage en Forêt Domaniale de Saverne. ▶

"S'il vous plaît, dessine moi un aménagement !"

L'aménagement, on l'a compris, est la bible du forestier, son guide de référence pour chaque forêt ; il se compose de trois parties fondamentales :

- Une analyse approfondie du milieu naturel et du contexte socio-économique.

L'état de la forêt est observé à la loupe : caractéristiques écologiques, richesses naturelles particulières, fragilité du milieu, risques naturels… et transcrit sur des cartes détaillées.

L'oeil et l'oreille de l'aménagiste sortent aussi de la forêt pour étudier et comprendre les demandes de la société : production de bois et de services, protection de la nature, préservation des paysages, accueil du public…

- Une synthèse qui permet de choisir les objectifs de gestion.

Cette démarche est fondamentale car c'est le regard porté vers l'avenir : orientations de la gestion, choix, détermination des objectifs… c'est la forêt de demain où l'on dialogue avec les générations futures.

- Enfin un plan de gestion traduit concrètement, année par année, les règles de sylviculture, les travaux et les coupes… et dresse un bilan financier et économique, marque de réalisme de la démarche.

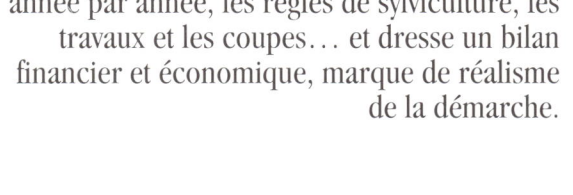

Régénération naturelle de sapin pectiné ▶

Jean-Pierre Thomassin (technicien forestier) : le médecin de la forêt

"Purge", "traitement préventif", "analyse", "diagnostic"… Jean-Pierre Thomassin puise largement dans le vocabulaire médical quand il parle de son métier, et pour cause.

Ce technicien forestier a fort à faire depuis quelques années pour soigner la forêt de Haguenau. Une forêt qui a subi les assauts répétés et dévastateurs du "bombyx disparate", de la "processionnaire du chêne", des "géométrides".

Jean-Pierre Thomassin collabore au "Département de la Santé des Forêts", une structure mise en place par le Ministère de l'Agriculture. Sa mission ? L'étude des problèmes phytosanitaires forestiers. Elle commence par la collecte de données relatives aux écosystèmes.

Avec l'aide de ses collègues chefs de triage, M. Thomassin effectue des prélèvements réguliers (eaux de pluie, insectes malades, dépôts secs, eaux d'infiltration, pluviolessivats…) sur un site spécialement équipé (une placette RENECOFOR [*]). "Ce travail nous permet de mettre l'état sanitaire de la forêt en mémoire, de signaler les problèmes régionaux, de donner l'alerte en cas de difficulté grave. Grâce à ce dispositif, complété par des expertises fines de terrain, des décisions peuvent être prises sur les traitements à effectuer, les mesures à prendre, la surveillance à établir…"

Le dispositif n'a plus à faire la preuve de son utilité. Il a été très sollicité dans la période noire que vient de traverser la forêt indivise de Haguenau. Notamment pour la lutte contre le bombyx disparate, cette chenille qui a englouti les feuilles de tous les arbres sur un demi-millier d'hectares. A certains endroits durement touchés, la vision était apocalyptique, la forêt totalement défoliée ; un paysage d'hiver en plein été. Les arbres ont mal supporté l'agression. Les chênes ont péri par centaines.

La lutte contre de tels maux passe notamment par des traitements biologiques aériens. Un exercice délicat. Les produits sont volatils, dosés pour ne pas nuire aux organismes autres que ceux visés, efficaces à une certaine phase seulement du développement de la chenille. De plus les interventions sont coûteuses. Elles pèsent lourd dans le budget d'exploitation des forêts.

Autant de bonnes raisons de frapper juste au bon moment. Pour affiner la stratégie, Jean-Pierre Thomassin utilise des données informatiques. "Nous avons mis toute la forêt sur ordinateur. Ce qui nous permet de connaître instantanément la structure du peuplement, les caractéristiques sanitaires de chaque parcelle". Un outil qui a exigé un travail de fourmi. Rares sont les massifs forestiers où il a été réalisé.

Les différentes interventions sont mises en mémoire. "Il faut que l'expérience serve, insiste Jean-Pierre Thomassin, afin que d'autres forestiers puissent définir rapidement la riposte à opposer à tel ou tel insecte dévastateur ou mettre en place des mesures préventives".

[*] Réseau national de suivi à long terme des écosystèmes forestiers.

6 Santé des forêts

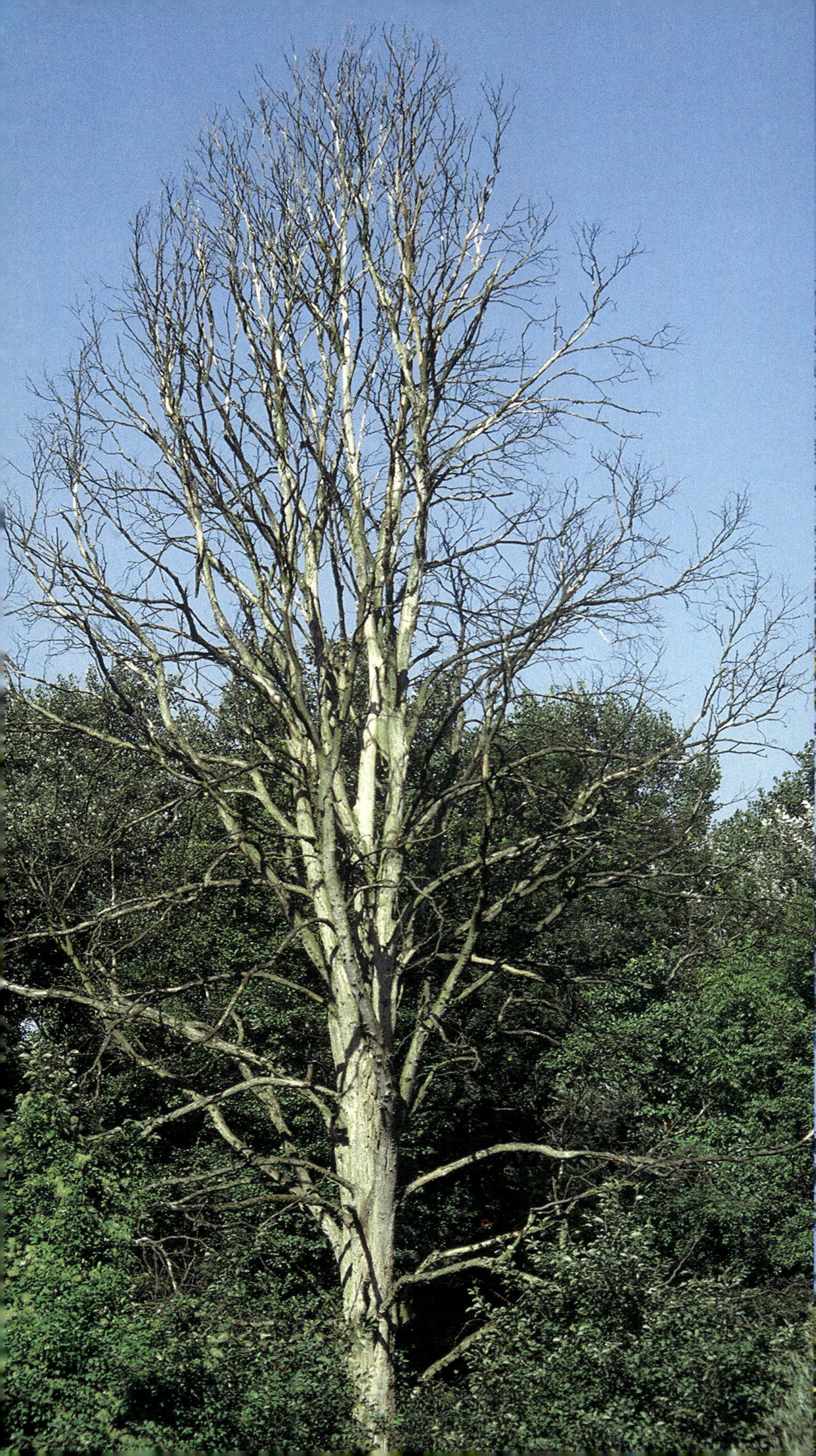

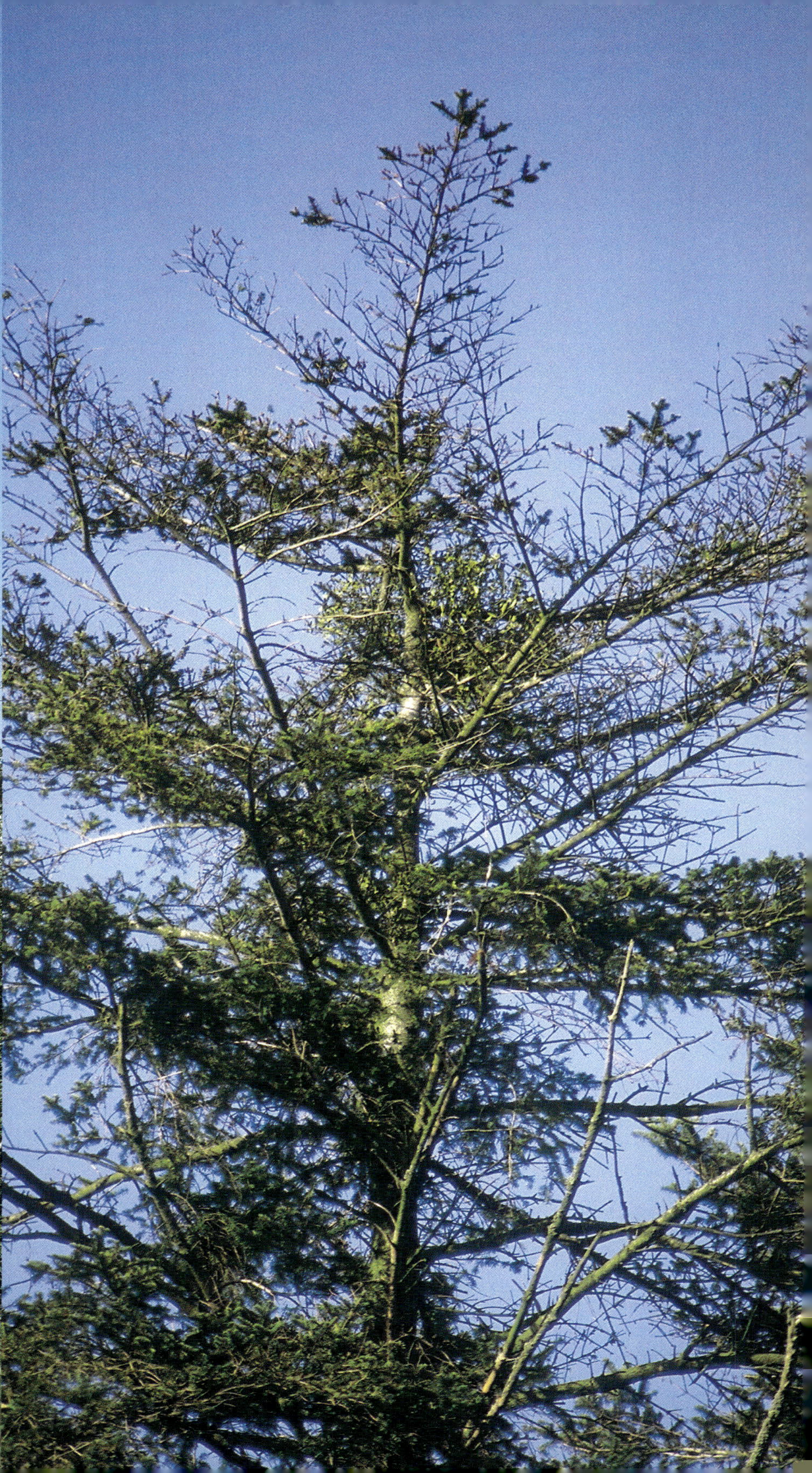

6. Santé des forêts :

**La forêt est un *bio indicateur*
qui enregistre les aléas climatiques…**

… et y réagit !

Les événements de la météorologie marquent profondément la forêt dont la croissance est intimement liée à la pluviosité et à la température. Nos forêts d'Alsace connaissent un siècle particulièrement déficitaire sur le plan pluviométrique avec des années successives de sécheresse qui ont perturbé la physiologie des arbres et entraîné des *dépérissements* massifs. Ces dépérissements se traduisent par des pertes abondantes de feuillages, des signes de *sénescence* précoces ou une mortalité prématurée des arbres. Les chênes de la plaine d'Alsace (forêt de la Harth, forêt de Haguenau…) ou les sapins en montagne, entre 1983 et 1990, en sont de bons exemples. Ces signes de mauvaise santé peuvent aussi être des symptômes de dysfonctionnement de l'écosystème et témoigner, par exemple, d'une acidification accélérée des sols due à la pollution atmosphérique…

La *dendrochronologie* permet de retrouver ces événements au fil de la vie d'un arbre, en lisant les messages enregistrés dans la succession des cernes d'accroissement.

◀ *Dépérissement forestier.
(chêne, sapin)*

Scolyte sur épicéa ▶

▲ *Résineux dépérissants.*

Waldsterben ou Waldleben ?

Au début des annnées 80 un fort dépérissement de la sapinière vosgienne (pluies acides) a été observé et a suscité de sérieuses inquiétudes quant à la survie des peuplements. Dès 1983, l'ONF a mis en place un système d'observation basé sur un ensemble de *placettes permanentes* portant le nom de "réseau bleu". Plus tard d'autres réseaux furent installés dont l'un continue toujours d'exister et de livrer des informations : "le réseau européen de surveillance de la santé des forêts". Le suivi de ces placettes et un ambitieux programme de recherche appelé "DEFORPA" ont mis en évidence que le dépérissement n'était pas généralisé, qu'il était cyclique et que le phénomène était très variable selon les conditions écologiques.

Les conclusions du programme DEFORPA expliquent clairement les raisons et les facteurs qui sont intervenus :

Des facteurs prédisposants :
- conditions de sols défavorables (sols pauvres, acides, filtrants…),
- dépôts acides dus à la pollution atmosphérique sur les arbres et dans les sols perturbant la nutrition minérale,
- *peuplements monospécifiques*.

Des facteurs déclenchants :
- sécheresse,
- alternances brutales de périodes sèches et humides.

Des facteurs aggravants :
- champignons pathogènes,
- insectes ravageurs.

Le retour à des années climatiques plus favorables a enrayé le phénomène de dépérissement ; **la mort de la forêt n'aura pas lieu**. Cependant, il convient de rester vigilant : des dispositifs de veille écologique, dont le réseau national de suivi à long terme des écosystèmes forestiers (RENECOFOR) géré par l'ONF, ont pour vocation de suivre la trajectoire de la forêt sur au moins 30 ans et d'analyser les facteurs environnementaux qui peuvent influencer sa destinée. En Alsace, l'Observatoire écologique de la Harth, mis en place en 1994 par l'ONF, a engagé des études et expertises afin de comprendre les mécanismes de dépérissement de la chênaie de plaine et de remédier à ce fléau.

Cochenille du hêtre vue au microscope électronique

Galeries creusées par le scolyte de l'Epicéa sur la face interne de l'écorce

Fausse chenille de diprion du Pin sur Pin sylvestre

Chenille processionnaire du chêne

Ravageurs et ravagés : une histoire passionnelle… qui dure

Les forêts alsaciennes subissent parfois les attaques de ravageurs forestiers… qui font aussi partie de la nature. Ce sont principalement des insectes et des champignons qui vivent aux dépens de ceux qui les accueillent.

Le **chêne**, principale essence feuillue en Alsace, est notamment menacé par de multiples agresseurs comme les géométrides, les tordeuses, les bombyx ou encore la processionnaire. Ce sont des chenilles particulièrement voraces, à l'appétit insatiable, qui sont capables de dévorer la totalité du feuillage forestier au point de créer un paysage d'hiver en plein mois d'août.

Le **hêtre** quant à lui bénéficie d'une relative clémence de Dame Nature en Alsace. Certes Nectria coccinea, un champignon véhiculé par une *cochenille* ou le puceron laineux, qui dépose un feutrage blanc sur le feuillage, peut causer localement des dépérissements, mais ceux-ci ont pour l'instant un caractère limité.

L'épicéa est la bête noire des ravageurs, il est assailli de toute part. Quand les arbres sont affaiblis, par la sécheresse par exemple, ils sont la proie des *scolytes* et en particulier du *typographe* et du *chalcographe* qui dévastent les peuplements. Un champignon, le fomès, pénètre par les racines et détruit l'arbre de l'intérieur. Le feuillage peut également être férocement attaqué au point d'être complètement roussi par le némate. A cela il conviendrait d'ajouter, l'hylobe, les charançons…

Le **pin** est lui aussi attaqué par les scolytes. Le lophyre a fait récemment son apparition en Alsace en défoliant des peuplements au Nord de Strasbourg. Un champignon, le rouge cryptogamique, dévaste des jeunes plantations ou des semis…

Chaque essence connaît son cortège de *ravageurs*, certains d'entre eux peuvent être des indicateurs biologiques dont les dégâts attestent que l'on n'a pas installé le "bon arbre au bon endroit". Plus une essence est en dehors de ses conditions écologiques optimales plus elle est sensible aux attaques. Cependant, les *ravageurs primaires* occasionnent des destructions dans des peuplements forestiers sains et vigoureux, la périodicité et l'intensité des dégâts étant liées aux rythmes propres d'évolution de ces populations.

Avec le Département de la santé des forêts du ministère de l'Agriculture, l'ONF suit les variations des populations d'insectes afin de prévenir les risques et organiser la lutte si elle s'avère nécessaire… et possible.

Papillon mâle de Bombyx disparate (Lymantria dispar), ses antennes pectinées servent à la réception des phéromones sexuelles émises par les femelles ▶

Les Schlitteurs

7

Le bois, produit de la forêt

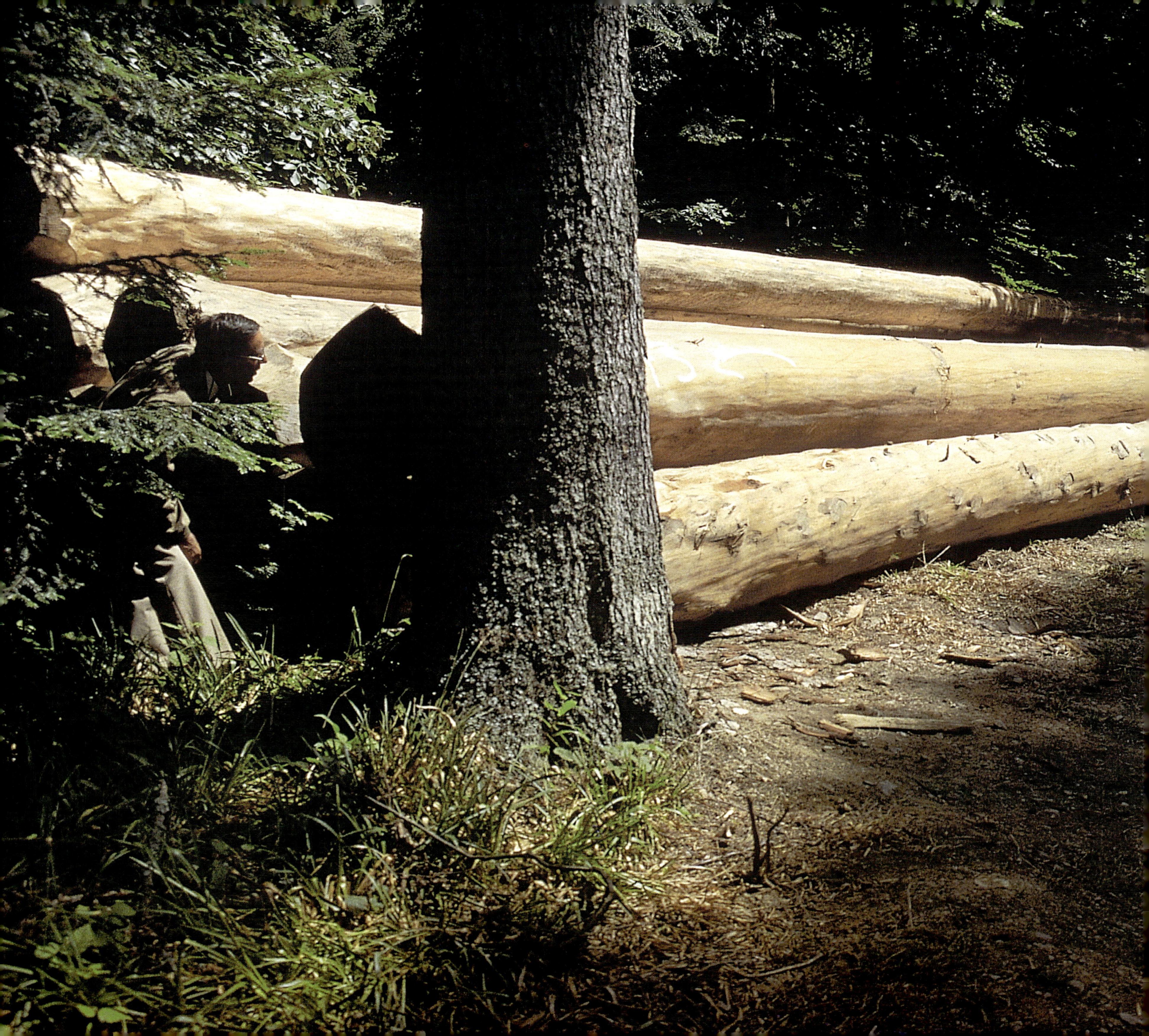

7 - Le bois, produit de la forêt

La forêt est aussi une richesse économique et sociale. Les recettes liées à l'exploitation et à la vente des bois constituent un revenu appréciable pour beaucoup de propriétaires forestiers.
La production de bois et l'entretien de la forêt procurent du travail à près de 2 000 personnes en Alsace. Une des missions principales du forestier est d'alimenter la filière-bois, qui emploie, au total, en Alsace près de 20 000 salariés. L'utilisation et la promotion des usages du bois sont essentielles pour la conservation de notre patrimoine forestier.
Le bois est un matériau écologique et renouvelable issu de la photosynthèse, processus de fixation du gaz carbonique (CO_2) de l'air, alimenté par l'eau et les éléments minéraux, grâce à l'énergie solaire. Léger et résistant, le bois se prête à tous les usages.
C'est un produit naturel : chaque tronc, chaque poutre, chaque planche est un exemplaire unique façonné par la nature. Son utilisation dépense peu d'énergie et ne nécessite pas de recyclage.
La récolte des bois se fait dans le respect des aménagements forestiers. Grâce à une sylviculture réfléchie, la production peut s'adapter aux besoins de l'industrie sans compromettre le capital sur pied : c'est le meilleur exemple de développement durable.

◀ *Dépôt de grumes au col de Ste-Marie-aux-Mines.*

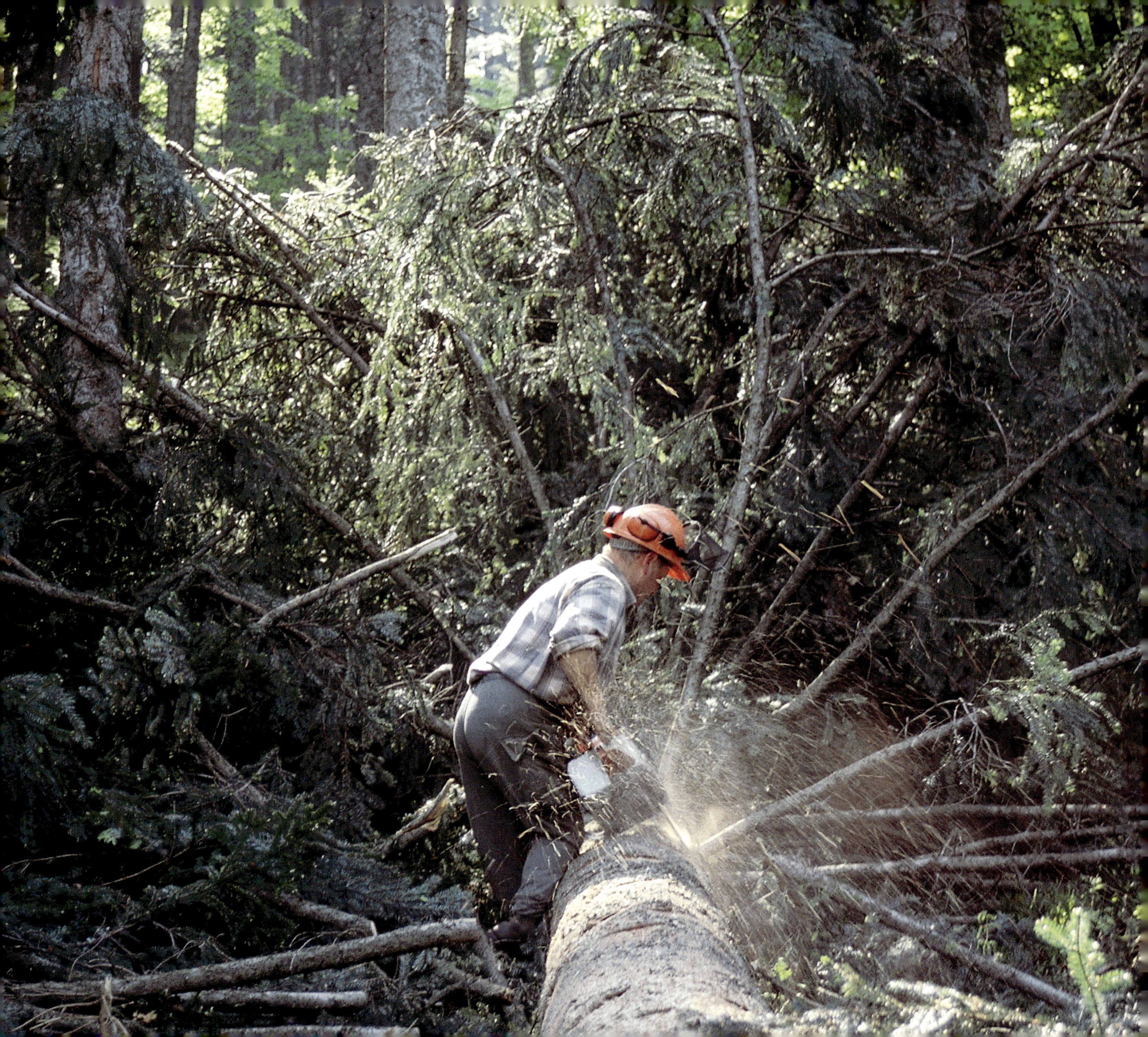

Globalement la production forestière alsacienne est équilibrée, entre feuillus et résineux, tous produits confondus (bois d'oeuvre, d'industrie et de chauffage).
Elle ne mobilise qu'une partie de l'accroissement des arbres et préserve le capital.
Les forestiers essaient de régulariser l'offre, tout en s'adaptant à la demande du marché.

La production du bois en Alsace En milliers de m³

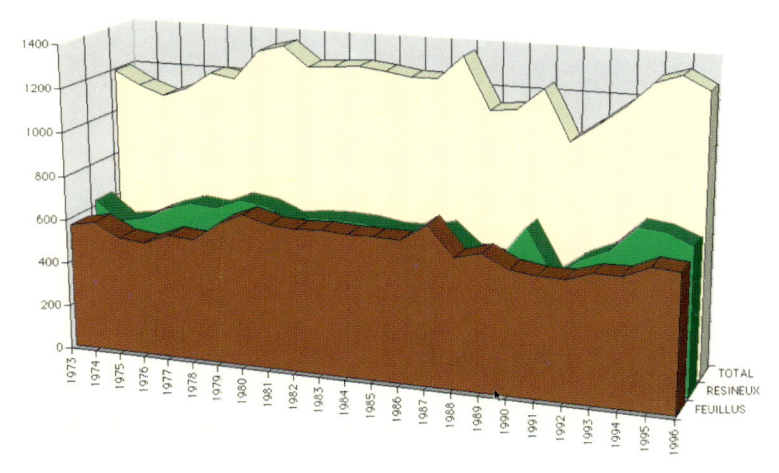

▲ *Volumes exploités dans les forêts communales et domaniales.*

Quel bois pour quel usage ?

Pour le bois d'oeuvre, les principales essences sont le chêne, le hêtre, le sapin, l'épicéa et le pin sylvestre. Certains secteurs sont très réputés pour la qualité de leurs produits : les chênes du piémont des Vosges (région de Westhoffen), le hêtre du Sundgau et le pin de Wangenbourg.
La diversité de la forêt alsacienne permet également de produire en quantité appréciable d'autres essences de valeur telles que frênes, merisiers, noyers mais aussi des chênes rouges, des peupliers et des aulnes, qui satisfont à des demandes bien précises d'acheteurs spécialisés.

◀ *Bûcheron au travail en Forêt Domaniale du Donon.*

La *régie* : une gestion particulière pour la forêt alsacienne

En France, les coupes de bois sont généralement vendues en "bloc et sur pied", c'est à dire que la vente porte sur l'ensemble des arbres désignés par les forestiers pour être exploités sur une parcelle de forêt. Il appartient ensuite à l'acheteur d'employer des bûcherons pour assurer l'exploitation de cette coupe, d'en assumer l'entière responsabilité en cas de dommage, de tirer ensuite les différents produits (en fonction des essences et de leur qualité) et de revendre au mieux ceux dont il n'a pas l'usage.

La particularité de la gestion en régie pratiquée en Alsace-Moselle, réside dans le fait que le propriétaire de la forêt assure lui-même l'exploitation des arbres et commercialise ensuite les produits façonnés en bordure de routes accessibles aux camions grumiers. Cette particularité régionale résulte d'un usage très ancien dont on trouve trace au milieu du XIXème siècle et qui fut généralisé par le droit local après 1870. Ce type d'exploitation qui répondait au

▼ *Scierie F. Braun à Heiligenberg.*

souci des populations rurales de valoriser leur patrimoine forestier sur place, est profondément ancré dans les traditions.

Plus de 1 000 bûcherons et ouvriers forestiers sont employés annuellement sur l'ensemble des forêts domaniales et des forêts des collectivités locales d'Alsace.

Quelque 70 ventes sont organisées chaque année en Alsace !

La grande diversité des essences produites dans notre région permet une exploitation forestière quasi continue tout au long de l'année, assurant une alimentation régulière du marché : les adjudications sont organisées dès que le volume de bois produit le permet, réduisant ainsi le délai entre l'exploitation et la mise à disposition du bois auprès des entreprises utilisatrices, qui peuvent réduire leurs stocks et disposer de produits frais. La vente de bois sur pied, pratiquée à petite échelle pour certains produits, représente une seconde source d'approvisionnement et permet de satisfaire aux variations brusques de la demande.

▼ *Dépôt de bois d'oeuvre.*

La première transformation du bois, un secteur dynamique et moderne

La scierie est particulièrement développée en Alsace. Avec un patrimoine forestier représentant 2,2 % de la surface nationale, la production de sciages atteint 7,5 % de la production nationale (4ème rang).
L'Alsace compte 102 scieries dont plus du tiers ont une activité de transformation (raboterie, palettes, …). Ces entreprises produisent près de 700 000 m^3 de sciages répartis en :
- 15 % de feuillus
- 84 % de résineux
- 1 % de bois exotiques.

Les scieries alsaciennes emploient 2 500 salariés avec un chiffre d'affaires de 1 420 millions de francs.

Les industries lourdes de la pâte et du papier sont indispensables à la valorisation des produits connexes (sciures, plaquettes) et des bois d'industrie résineux et feuillus.

Deux entreprises sont présentes en Alsace au port du Rhin à Strasbourg :
• STRACEL, usine de papier et pâte, produit 140 000 tonnes de pâte de cellulose et 235 000 tonnes de papier journal par an,
• SABOREC, usine de panneaux, produit 55 000 tonnes de panneaux de fibres.
Leur chiffre d'affaires global est de 1 280 millions de francs, avec un emploi direct de 700 personnes et près de 5 000 emplois induits.

La deuxième transformation du bois est surtout artisanale

On compte 1 590 entreprises réparties dans les secteurs d'activité principaux suivants :
• la menuiserie-charpente et l'agencement,
• l'ébénisterie et l'ameublement,
• la tournerie, la sculpture,…
Tournée vers une production de qualité, elle emploie plus de 13 000 personnes.

Papeteries STRACEL au port du Rhin à Strasbourg. ▶

Pascal Kiennemann : entre lianes et castors

Pascal Kiennemann occupe une place particulière dans le dispositif de l'Office National des Forêts. Entre autres fonctions, cet agent est guide de chasse. Il gère un lot d'une centaine d'hectares où les personnels de l'Office vont compléter leur formation cynégétique. Il accueille également des clients venant chasser à la journée, selon la formule de la licence dirigée.

Voilà pour l'un des aspects de la mission. Mais cet agent compte aussi dans son triage les plus remarquables reliques de la forêt alluviale du Rhin. Et notamment les réserves d'Offendorf. "Un lieu riche et varié, très complexe, irrigué par les bras morts du Rhin. Par endroits il ressemble à une jungle. Avec ses lianes, ses espèces rares. Plusieurs types de végétation s'y imbriquent". Les bois d'Offendorf ne ressemblent en rien à une forêt classique. "Ils sont aussi le refuge d'innombrables espèces d'oiseaux".

Pascal Kiennemann gère ainsi la forêt communale d'Offendorf (300 ha) dont 60 ha sont en réserve naturelle.

L'agent veille également sur une forêt domaniale dont 50 hectares sont classés en réserve biologique intégrale. "Ce qui veut dire que l'homme n'intervient plus sur le milieu". Les 100 autres hectares constituent une réserve domaniale dirigée. "Nous y pratiquons une sylviculture douce. Tout en ayant à l'esprit la nécessité de restaurer et de renouveler la forêt, nous veillons à ne pas altérer son aspect paysager. Et nous prenons en compte, par exemple, les demandes des ornithologues".

Dans ces forêts, des essais de réintroduction du castor ont été tentés en 1994. L'espèce avait quitté les lieux il y a un siècle environ. Sous la pression de l'homme qui tente à présent de réparer ce qu'il a détruit.
Là encore, Pascal Kiennemann intervient pour assurer le suivi de l'opération. Il localise, observe les castors qu'il qualifie de "sentinelle biologique des rivières" ou tente de déceler les traces de leur passage.

Enfin, la forêt d'Offendorf attire tous ceux qui s'intéressent à la nature. Alors Pascal Kiennemann se fait guide. Il apprend aux autres à connaître et à aimer les derniers lambeaux de ce qui fut un paradis naturel.

Les coutumes liées au chêne

Il est assez courant de rencontrer en nos forêts, un chêne possédant un tronc creux. Cette paticularité due au pourrissement du coeur de l'arbre a été exploitée par les animaux (insectes, oiseaux), mais aussi par l'homme. Souvent une petite statue représentant la Vierge y était placée. En Alsace, nombreux sont les chênes dédiés à la Vierge. C'est là que les bûcherons et bergers venaient se recueillir et y déposaient des fleurs.
La petite chapelle de Ruelisheim rappelle la légende suivante : en 1652, pendant un orage, la foudre frappa le gros chêne contenant un petit oratoire avec la statue de la Vierge. L'arbre brûla presque en totalité, seule resta la partie qui entourait la statue.

Dans certaines régions, les personnes malades fréquentaient ces lieux afin de se débarrasser du mal qui les rongeait en pensant transmettre leur maladie à l'arbre. Le malade se mettait contre l'arbre et à la hauteur de la douleur il enfonçait un clou dans le tronc. Beaucoup de vieux chênes étaient ou sont encore criblés de pointes.

Forêts d'Alsace : une précieuse richesse naturelle

Diversité biologique en forêt domaniale

8. Forêts d'Alsace : une précieuse richesse naturelle

Riche de plus de 1500 espèces végétales, 200 espèces d'oiseaux, 60 espèces de mammifères, l'Alsace est une mosaïque de milieux naturels depuis les forêts alluviales du Rhin jusqu'aux hêtraies sommitales des Vosges.

Ces espèces et ces milieux naturels se retrouvent pour la plupart dans les forêts publiques (245 000 ha) qui couvrent 27 % du territoire alsacien.

Un des objectifs fondamentaux de la gestion de l'Office National des Forêts est la protection de cette *biodiversité* dans le cadre des aménagements forestiers et de la gestion quotidienne des forêts.

En effet, pour être efficace, la protection de la nature doit concerner tous les territoires et ne doit pas se limiter à quelques sanctuaires. Ainsi sur l'ensemble des forêts, l'Office National des Forêts met en oeuvre des mesures, telles que :

- le choix des essences les plus adaptées aux conditions écologiques,
- la recherche de peuplements mélangés et diversifiés,
- le développement de la régénération naturelle,
- le maintien d'arbres morts, d'arbres à cavités (trous de pics…), de vieux et gros arbres de manière à préserver la faune et la flore peu visibles, mais d'un grand intérêt, qui sont inféodées à ces habitats.

Les *zones d'intérêt écologique* particulier et les *réserves biologiques* contribuent à la protection des espèces et des milieux naturels rares ou menacés. Leur objectif unique ou principal est la protection de ces éléments précieux de notre patrimoine.

Ancien bras du Rhin en Forêt Communale de Mackenheim. ▶

Des forêts remarquables

Les forêts subnaturelles des Hautes-Vosges :
Les forêts vosgiennes ont fait dans le passé l'objet d'une exploitation jusque dans les contrées les plus reculées. Les évolutions techniques et économiques récentes ont conduit à délaisser les zones les moins accessibles, autrefois exploitées par *lançage* et *schlittage*.

Dès lors, dans ces forêts, la nature reprend ses droits et on peut à nouveau y écouter ses pulsions originelles et découvrir ou redécouvrir :

- des arbres aux dimensions impressionnantes, marqués par les vicissitudes du temps,

- des clairières ouvertes par des *chablis* qui vont permettre aux jeunes semis de s'installer et de croître à la lumière,

- d'imposantes quantités de bois mort au sol qui font le bonheur de tous les organismes décomposeurs, des fougères, des mousses…

- le chant des *oiseaux cavernicoles* qui trouvent nourriture et abri dans les nombreux arbres creux.

Le massif du Hohneck. ▶

Au pied d'anciens cirques glaciaires, des *tourbières* s'étendent jusqu'aux premiers rochers saillants. Un abondant matelas spongieux de tourbe, une eau claire et fraîche permettent d'accueillir la très rare et très discrète listère à feuille de coeur et le lycopode dont les tiges entrelacées en forme d'écouvillon rampent au sol. On ne saurait oublier la gracieuse mais redoutable Droséra, petite plante carnivore en forme de soleil rouge et vert.

A proximité, mais aux antipodes écologiques de ces milieux humides, se dresse l'érablaie sur éboulis dans les pentes les plus instables et les plus abruptes. Milieu sec et fragile, c'est le domaine de l'érable sycomore, de l'érable plane, du tilleul…

Enfin, vers le sommet, quand le relief s'adoucit la forêt cède le pas aux pelouses et aux *landes* qui renferment une grande richesse de plantes et d'insectes. A cette altitude, la rigueur du climat montagnard, le sol gelé tard en saison ne sont plus compatibles avec le développement de la forêt.

Outre les mesures de protection prises dans la gestion courante, les milieux les plus précieux bénéficient de statuts particuliers, appelant une gestion particulière, comme la réserve naturelle du Ventron, les réserves biologiques des Deux Lacs et du Champ du feu…

Forêts de plaine et des collines sous-vosgiennes

Les nuages venant de l'Ouest s'étant épanchés sur le relief vosgien, la plaine d'Alsace bénéficie d'un climat plutôt clément et sec. C'est aux environs de Colmar que l'on relève la pluviométrie annuelle la plus basse de France (500 mm). Des sols filtrants, superficiels et calcaires sur les collines sous-vosgiennes, un sol caillouteux dans la Harth accentuent l'aridité. A ce contexte écologique particulier correspond une flore spécifique. La végétation se limite à une forêt de chênes sessiles et de chênes pubescents rabougris accompagnée, parfois, de pelouses sèches (Heischiens).

Le pâturage et, par le passé, une exploitation intensive ont façonné une forêt clairiérée presque steppique par endroits. Ces facteurs, aujourd'hui disparus, ont eu l'avantage de maintenir voire de générer une biodiversité élevée. Son maintien nécessite des interventions volontaristes de génie écologique, c'est à dire des opérations particulières de protection, comme la lutte contre l'envahissement d'arbustes qui pourraient par exemple mettre en péril certaines orchidées.

Ces pelouses offrent à profusion senteurs et couleurs où se mêlent, selon la saison, le jaune de l'Adonis du printemps, parfois le bleu de la rare gentiane à calice enflé ou encore le mauve de l'Aster amelle à l'automne, sans oublier l'imposante orchis pourpre, qui peut atteindre 60 centimètres de hauteur.

◀ *Orchidée pourpre.*

La réserve biologique domaniale de la Harth et la réserve naturelle volontaire du Harthwald constituent les premiers noyaux d'un chapelet d'espaces naturels qui font l'objet d'une attention toute particulière. Il s'agit d'assurer la pérennité de ces milieux naturels remarquables d'intérêt européen et qui seront classés dans le futur réseau *Natura 2000*.

▼ *L'Ail des Ours.*

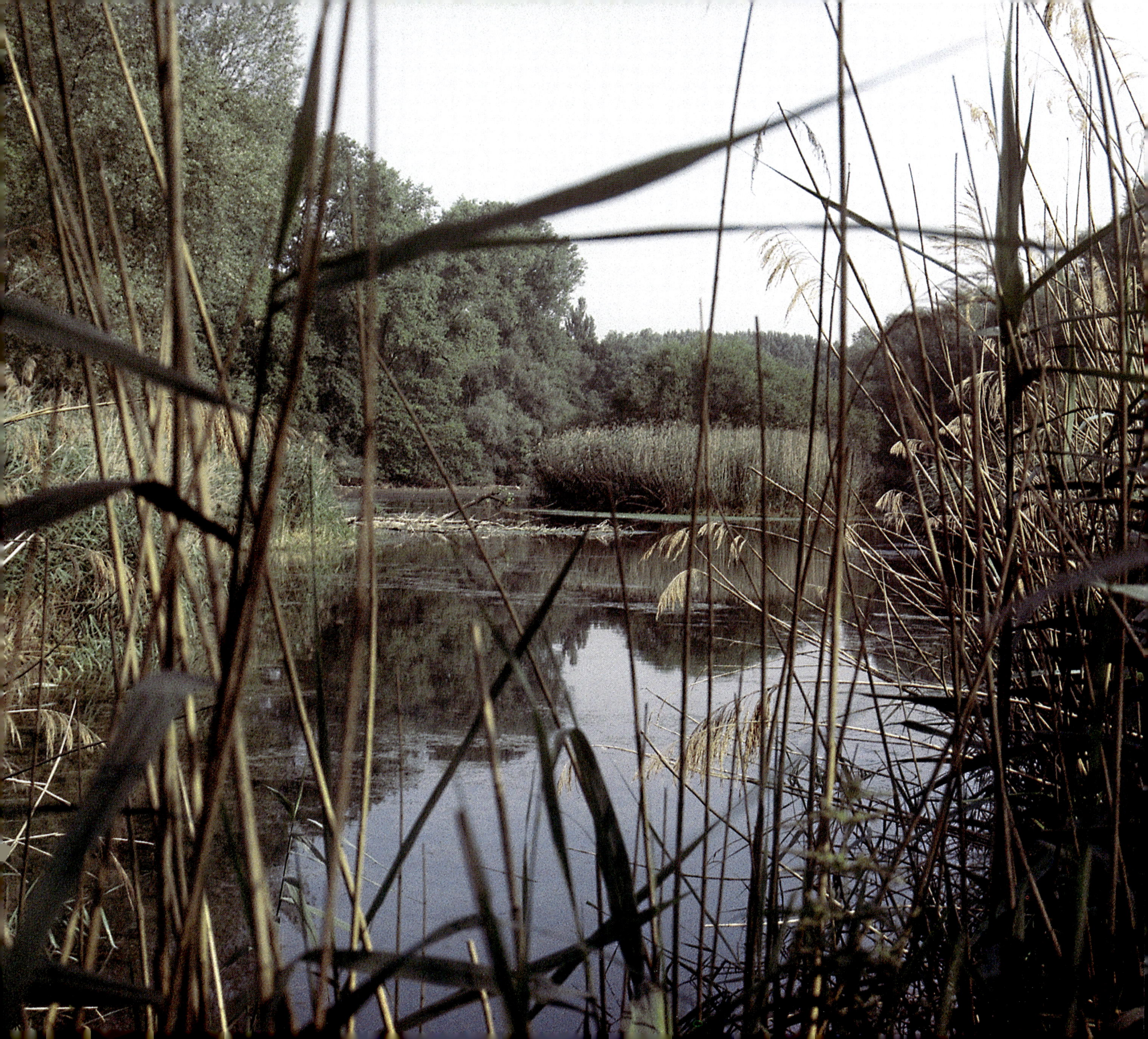

Les forêts alluviales du Rhin et de l'Ill

Jusqu'au milieu du XIXème siècle, le Rhin et l'Ill divaguaient dans la plaine alsacienne au gré des remaniements provoqués par les crues. Il en a résulté un réseau dense de bras morts, de chenaux et de dépressions qui ont rendu le milieu alluvial extrêmement diversifié.

◀ *Ancien bras du Rhin en Forêt Domaniale d'Offendorf.*

Paysage de l'Illwald. ▶

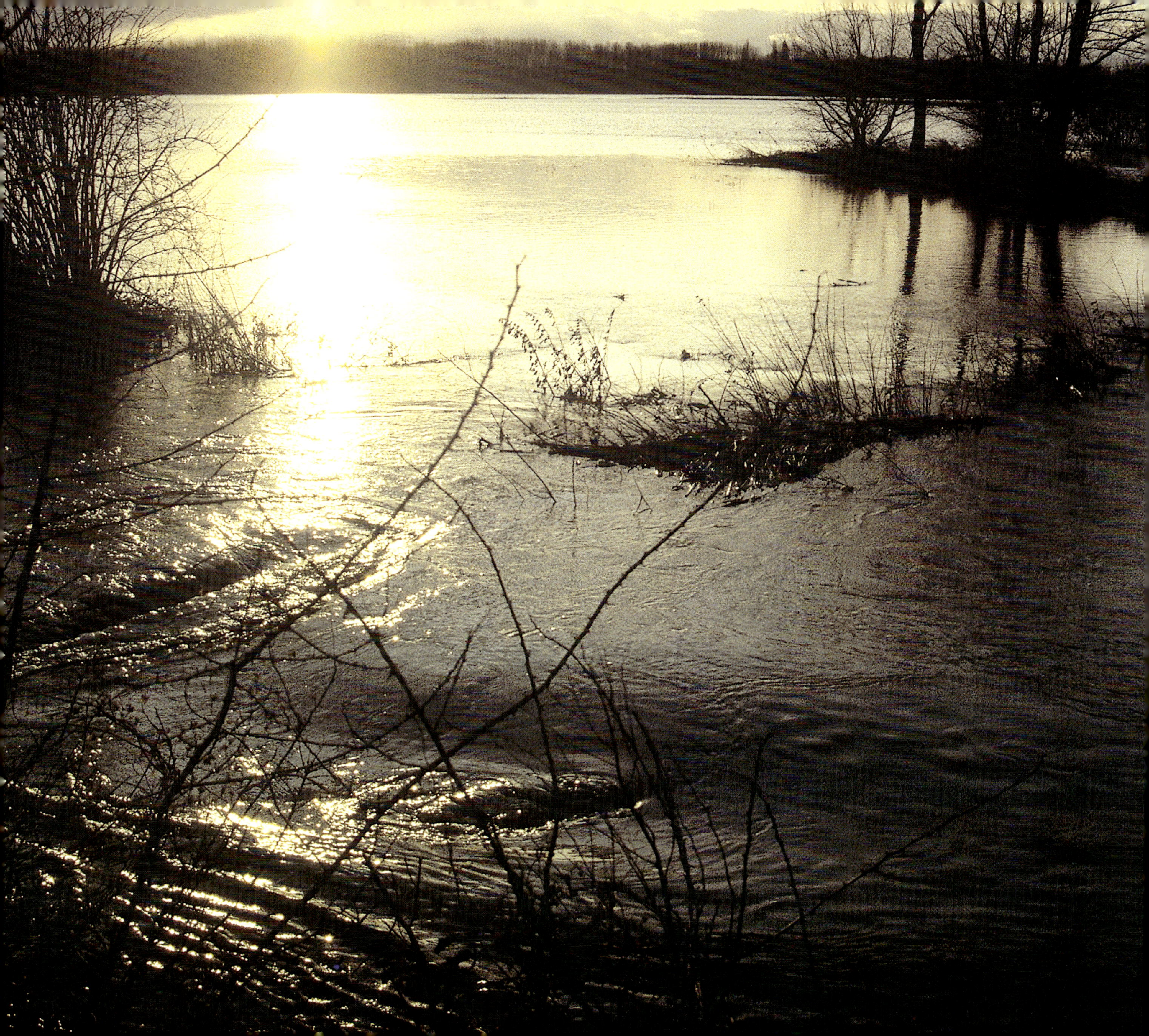

* **Le milieu rhénan**

Les travaux de Tulla à la fin du siècle dernier ont marqué le début de la domestication du Rhin. Ils ont fixé le lit mineur du Rhin au moyen de deux digues, l'une appelée de basses-eaux (devant stabiliser l'axe d'écoulement du Rhin) et l'autre appelée de hautes-eaux (devant contenir les crues). De 1930 à 1976, une deuxième série de grands travaux pour la canalisation du Rhin a été menée afin de rendre le fleuve navigable et de permettre la production d'électricité.

Ces travaux ont donné une forte impulsion au développement de l'agriculture mais aussi de toutes les activités industrielles et urbaines, le long du fleuve. Il en a résulté un défrichement massif de la forêt ; seule subsiste la moitié de la forêt rhénane du début du siècle.

La disparition des crues a profondément modifié la dynamique forestière. Le rajeunissement par écroulement d'une partie de la forêt sous l'effet des crues a disparu et le renouvellement des zones à bois blanc (saule, peuplier blanc, frêne…) n'est plus garanti. Les secteurs à bois durs (chêne, charme…) ont aussi été touchés.

L'originalité des forêts alluviales tient en particulier à la diversité des espèces floristiques, dont les arbres, mais aussi à une structure particulièrement complexe.

La disparition des inondations a supprimé les dépôts alluviaux fertilisants qui étaient en partie à l'origine de l'exubérance et de la luxuriance de ces forêts.

La nappe phréatique n'est plus suffisamment alimentée, son niveau a baissé, ce qui a contribué à restreindre la richesse de ces milieux naturels et à les banaliser par le développement important de l'érable, du frêne et du charme.

Des mesures de sauvegarde des lambeaux restants de la forêt rhénane ont été prises : classement en forêt de protection, création de trois réserves naturelles (Offendorf, Rhinau, Erstein) ; création de trois réserves biologiques (Forstfeld, Offendorf, Wantzenau), élaboration de directives spécifiques de gestion par l'ONF…

Des mesures complémentaires sont à l'étude mais le problème central est la dynamique fluviale qui est le réel moteur de l'évolution des forêts alluviales.

L'enjeu est important, mais les réinondations doivent être abordées avec prudence. On ne joue jamais impunément avec la nature.

* **Le milieu ellan**

L'Ill et ses affluents ont fait l'objet de travaux plus ponctuels et peuvent toujours prétendre à une dynamique alluviale, en particulier dans le secteur situé entre Guémar et Ebersmunster, qui est encore périodiquement soumis aux inondations.

La principale richesse écologique du *ried ellan* se trouve dans les milieux ouverts, dans la mosaïque de prairies et de forêts ainsi que dans la multitude de chenaux encore fonctionnels.

L'Illwald en constitue le massif le plus important et bénéficie, avec les prairies avoisinantes, d'une procédure de classement en réserve naturelle volontaire. Une partie de la forêt de Réguisheim est également classée.

La conservation des forêts ellanes passe par le maintien de la dynamique fluviale ; il est donc important que l'on puisse conserver à l'Ill un caractère de cours d'eau naturel, donc relativement capricieux.

◀ *Inondation de printemps à Ebersmunster.*

Eichbaum : le chêne

…*"Comme les arbres fruitiers qui produisent beaucoup de fruits, les chênes produisent des glands de différentes tailles (gros ou petits) et de différentes formes. Certains mûrissent à la St Bartholomé et d'autres en automne.*

Les chênes n'aiment pas le soleil, leur bois est dur, très difficile à fendre. Les paysans disent que c'est un bois à couper en hiver.

Les feuilles de chêne sont elles très tendres. Le feuillage jaunâtre au début devient de plus en plus vert et de plus en plus dense. Après la montée de la sève, on voit de petites fleurs rouges sur de fines tiges et les premières pousses de glands apparaissent à la St Jacques. D'abord fruit jaunâtre, les glands sont visibles dans le feuillage à la St Georges (3 à 4 glands par branchette).
Le gland a deux enveloppes. L'enveloppe extérieure est très dure et la seconde est de couleur brune et a un goût amer. Le gland a donc un goût amer et âcre.

Certains chênes ont de petites pommes rondes et juteuses, très appréciées par les sangliers. Dans celles-ci se développent des larves qui se transforment ensuite en mouches ou moustiques, lorsque l'automne est chaud. Mais ce ne sont pas ces fruits que l'on utilise pour faire de la teinture"…

Extrait du "Krüterbuch" de Hyronimus Bock - 1577

Marqueterie (J.C. Spindler).

La faune sous surveillance

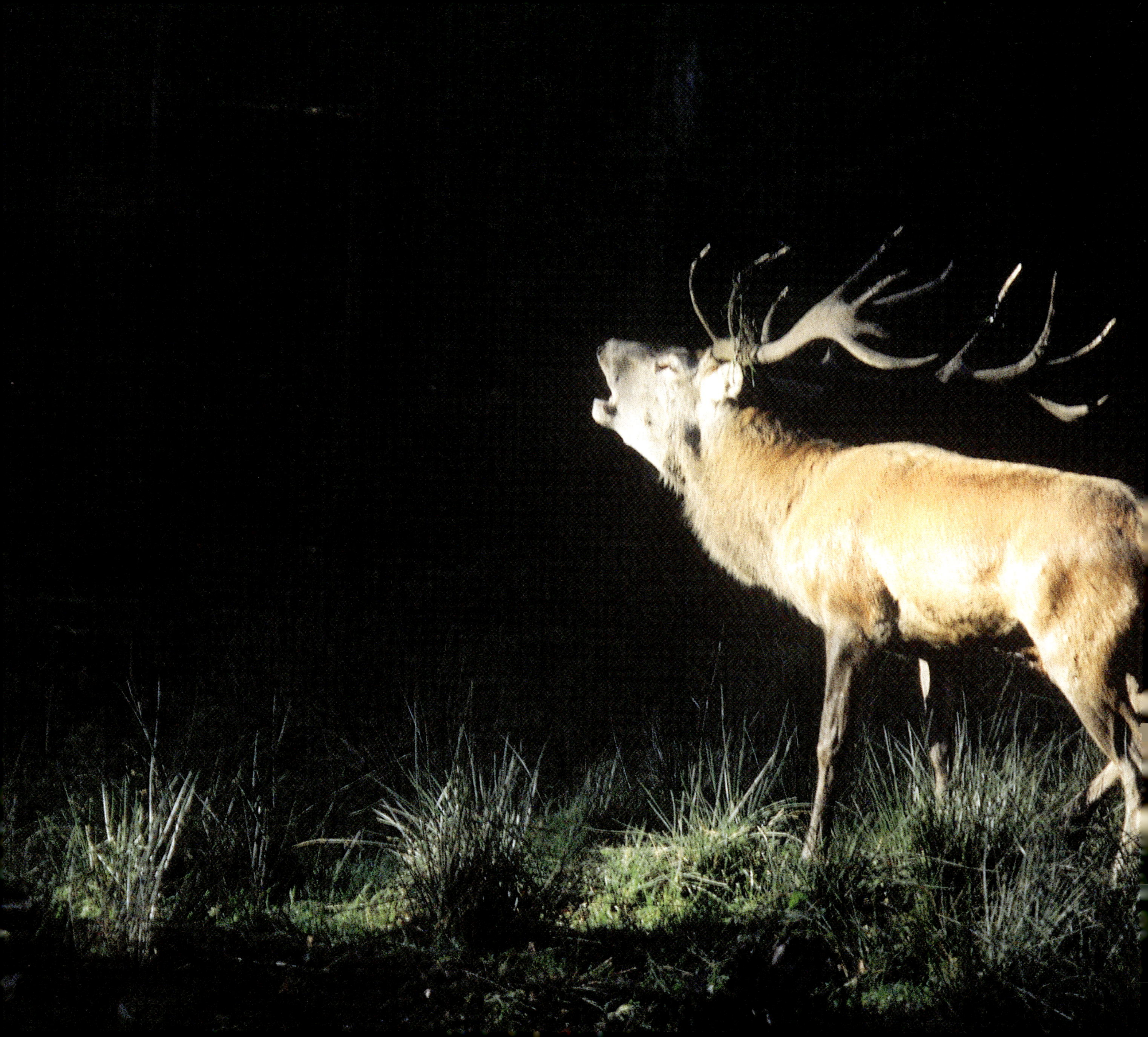

9 - La faune sous surveillance

La forêt n'est pas uniquement un ensemble d'arbres. Elle accueille aussi une faune très variée, dont les grands herbivores tels que le cerf et le chevreuil.

Le maintien de l'équilibre entre la forêt, qui doit se renouveler en continu et les grands ruminants, à la dent dure pour les jeunes pousses, nécessite de nos jours l'intervention de l'homme. Les grands prédateurs ayant disparu, forestiers et chasseurs doivent oeuvrer ensemble pour préserver la pérennité de l'écosystème.

Nos forêts hébergent environ 6 000 cerfs, plus de 40 000 chevreuils, quelque 450 daims et 700 chamois, et d'innombrables sangliers (dont 4 500 sont tirés chaque année).

La domination du CERF (cerf élaphe d'Europe).

Ce noble animal, dont la chasse était autrefois réservée aux grands de ce monde, est très présent dans les forêts de basse et moyenne montagne. Peu nombreux au siècle dernier, les cerfs ont été si bien protégés (réserves, repeuplements, chasse limitée) que leur abondance actuelle dans certaines zones pose problème aux forestiers. *L'abroutissement* des jeunes pousses et l'écorçage des jeunes arbres peuvent compromettre le renouvellement de la forêt. La régulation des populations s'effectue dans le cadre d'un plan de chasse. Les chasseurs tirent les mâles *coiffés* à *l'affût* ou à *l'approche* : ils peuvent ainsi opérer une sélection. La saison du *brame* est la plus propice à ces tirs sélectifs. Ancienne tradition cynégétique, cette pratique, appelée "pirsch" requiert une grande connaissance de la nature et du comportement de ce magnifique gibier. Les biches sont davantage chassées en *battue* pendant l'hiver.

◀ *Cerf bramant en Forêt Domaniale de la Petite Pierre.*

Le CHEVREUIL omniprésent !

Contrairement au cerf farouche, le chevreuil s'accommode bien de la présence humaine : on le rencontre dans les prés et même parfois dans les villages. Trop abondant, il cause des dégâts aux semis et plants par abroutissement, et aux jeunes arbres par frottis. Un plan de chasse permet également de réguler les populations. La sélection se pratique l'été par la chasse silencieuse des brocards.

Les SANGLIERS sont nombreux et se reproduisent vite (une laie peut avoir 5 à 8 petits par an contre 1 à 2 pour la biche). Ils sont omnivores et n'hésitent pas, lorsqu'ils sont trop nombreux, à dévaster les champs de maïs ou de betteraves. Les chasseurs sont donc astreints, à travers un syndicat, à l'indemnisation des dégâts causés aux cultures. Mais le meilleur moyen de maintenir les populations à un niveau raisonnable consiste à multiplier les battues.

Le DAIM est-il sauvage ?

Introduit dans l'Illwald, il s'est parfaitement adapté aux forêts humides de la région de SELESTAT. Cousin du cerf, il peut nuire à la la forêt lorsqu'il est trop abondant.

Les chasseurs à la recherche de magnifiques trophées largement palmés contribuent aussi à la sélection et à la régulation des populations de daims.

La grande faune forestière est une richesse qu'il convient de gérer, dans le souci de respecter les grands équilibres naturels.

L'équilibre forêt-gibier bien sûr ; mais aussi l'équilibre entre les différentes espèces animales.

Les grands ruminants, parce qu'ils se nourrissent de jeunes pousses, peuvent constituer une menace pour le renouvellement naturel de la forêt et la ressource alimentaire d'autres espèces telles que **le GRAND TÉTRAS**, par exemple.

Les forestiers et les chasseurs oeuvrent ensemble pour tendre vers un équilibre harmonieux entre la grande faune et la forêt, rôle joué jadis par les prédateurs aujourd'hui disparus.

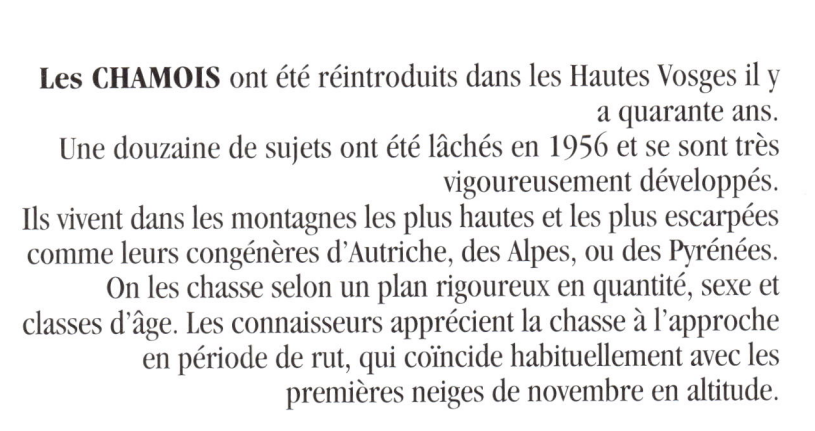

Les CHAMOIS ont été réintroduits dans les Hautes Vosges il y a quarante ans.
Une douzaine de sujets ont été lâchés en 1956 et se sont très vigoureusement développés.
Ils vivent dans les montagnes les plus hautes et les plus escarpées comme leurs congénères d'Autriche, des Alpes, ou des Pyrénées.
On les chasse selon un plan rigoureux en quantité, sexe et classes d'âge. Les connaisseurs apprécient la chasse à l'approche en période de rut, qui coïncide habituellement avec les premières neiges de novembre en altitude.

▲ *Constat de tir en Forêt Indivise de Haguenau.*

Comment fonctionne la chasse en Alsace ?

Les lots de chasse sont loués, le plus souvent après *adjudication* publique, ou de gré à gré dans les communes, à des chasseurs individuels ou regroupés en associations ou sociétés.

La durée des baux est de 6, 9 ou 12 ans, ce qui permet d'assurer la continuité de la gestion. Mais l'Office National des Forêts loue également des chasses en licences collectives annuelles et en licences individuelles dirigées, pour un ou quelques jours : le chasseur curieux peut ainsi venir s'initier, ou se perfectionner, à l'observation, au choix, puis au tir sélectif d'un animal à trophée. Il est alors accompagné par un forestier qualifié qui connaît bien le territoire.

Enfin, chasseurs et forestiers se retrouvent dans la gestion des territoires qu'ils aménagent dans le but d'augmenter les capacités d'accueil du milieu, tout en s'efforçant de préserver le caractère sauvage des grands animaux.

L'Office National des Forêts et l'Office National de la Chasse gèrent en commun la réserve nationale de chasse et de faune sauvage de La Petite Pierre (2 730 ha). Cette réserve sert à étudier le comportement des espèces, leurs besoins alimentaires ainsi que les relations complexes faune-flore. Les personnels des deux établissements mais aussi les chasseurs désireux de se perfectionner y sont formés. Les résultats des expériences effectuées dans la réserve sont progressivement mis en pratique dans d'autres territoires.

La petite faune

Tous les animaux de la forêt sont discrets. Pour les observer, il faut se lever tôt ou attendre le crépuscule, et se faire oublier au sein de la nature.

A côté des grands animaux qui font la gloire des forêts et des chasses alsaciennes, on rencontre également toute une faune de petits mammifères et d'oiseaux, qui a malheureusement payé un lourd tribut à la modernisation de l'agriculture, et au développement des loisirs en forêt.

Le **lièvre** a ainsi beaucoup souffert de l'appauvrissement des milieux. Le **lapin**, plus prolifique, résiste mieux. Mais ces deux espèces, qui n'ont pour se défendre que la rapidité et la ruse, sont très sensibles à certaines épidémies (tularémie pour le lièvre et myxomatose pour le lapin).

Le **faisan** était le roi du gibier à plumes. Il se plaisait particulièrement dans les couverts bas et ensoleillés, les ronciers, les bruyères, mais l'appauvrissement de son habitat à la lisière des bois a entraîné une forte diminution des populations.

En revanche, le **gibier d'eau** (canards, foulques…) est toujours abondant en Alsace, dans la plaine du Rhin. D'octobre à mars, on peut voir évoluer plus de 100 000 oiseaux d'une trentaine d'espèces différentes. Certaines sont protégées, d'autres, comme le canard colvert, font la joie des chasseurs.

D'autres animaux, moins connus, parcourent aussi les forêts d'Alsace.

La **martre**, qui se cantonne en forêt, alors que sa "cousine", la **fouine** se risque jusqu'aux maisons.

Le **putois**, avec sa petite tête brune, cerclée de blanc comme s'il avait fouillé dans la farine, (on dit "un masque de putois") se rencontre plus rarement dans les forêts de plaine.

L'**hermine** se plaît dans les bois, le long des cours d'eau, des bosquets et des haies. Elle se dresse en "chandelle" pour observer l'intrus, après une fuite qui n'est qu'apparente.

La **belette**, réduction fidèle de l'hermine, a des moeurs semblables.

Le **renard** s'est très bien adapté aux modifications des milieux naturels et à l'urbanisation ! Depuis 1991, on le vaccine oralement (avec des appâts) contre la rage dont il est le principal vecteur.

Le **blaireau**, dont la silhouette évoque en réduction celle d'un ours, est très craintif et attend la nuit pour rechercher sa nourriture. Il a mauvaise vue, mais dispose d'une ouïe et d'un odorat très fins.

Selon les départements et leur abondance, ces animaux sont classés protégés, ou chassables, ou nuisibles.

Yves Bernon (agent ONF) lit les pierres

Un militaire en permission randonne en forêt de Rosheim. Il s'attarde au sommet du Purpurkopf. Il ne sait pas qu'il foule l'un des lieux de vie les plus reculés dans l'histoire de la région. Le promeneur croit deviner des vestiges sous la mousse et les fourrés. C'est Yves Bernon.

Bien des années plus tard, un agent de l'ONF, frais émoulu de l'école, arrive dans le triage de Rosheim. Son nom ? Yves Bernon.

Il gère les arbres, mais s'intéresse aux pierres. A celles du Purpurkopf bien sûr. A des pierres circulaires de près de quatre tonnes, qui gisent non loin de ce qui, à l'évidence, fut une carrière. Là où l'on a prélevé, quelques siècles plus tôt, des blocs destinés à la construction de grands édifices religieux. La cathédrale de Strasbourg peut-être.

Yves Bernon se rend vite compte que son triage est truffé de sites archéologiques. Il découvre des pierres à cupules, témoignage d'une très lointaine présence de l'homme. Mais il veut en savoir davantage. Alors il part en Bretagne pour apprendre à lire les pierres. Il s'initie à la culture mégalithique. Il approfondit ses connaissances et va de trouvaille en trouvaille.

Au "Verlorene Eck", il reconstruit un chalet en bois qui avait brûlé quelques années plus tôt. Le site, paisible, n'est pas, comme son nom semble l'indiquer, un endroit perdu pour les habitants de Rosheim. Ils venaient jadis y fêter le printemps. Une réminiscence des coutumes païennes ?

En entreprenant l'aménagement d'une aire d'accueil à proximité du chalet, Yves Bernon décèle la présence de gros blocs de pierre. Il constate qu'ils sont taillés de façon primitive et disposés en arc de cercle. Ce sont des menhirs. Les plus imposants désignent les points cardinaux. L'agent de l'ONF les fait lever pour les remettre dans ce qu'il croit être leur position initiale. C'est ainsi que la forêt de Rosheim hérite d'un petit Carnac, au pied du site druidique du Heidenkopf. A l'ombre de tilleuls séculaires. "Les seuls du triage" affirme le forestier. Un peu plus loin, il met à jour un pavage et des drainages composés de pierres arrondies. Primitifs eux aussi.

L'occupant de la maison forestière du "Jaegertaennel" à Grendelbruch, a déjà percé bien des secrets de son triage. Pour autant, il ne compte pas s'arrêter en si bon chemin. Il se spécialise, lors de stages, dans la protection des sites archéologiques en milieu forestier.

L'acte de foi de Yves Bernon : "La forêt, ce ne sont pas seulement les arbres. C'est tout un patrimoine qu'il faut sauvegarder et, si possible, faire revivre. La forêt c'est la vie, la vie des hommes. Et le minéral c'est notre mémoire".

Christophe Carmona - Illustrateur

10 La forêt pour tous

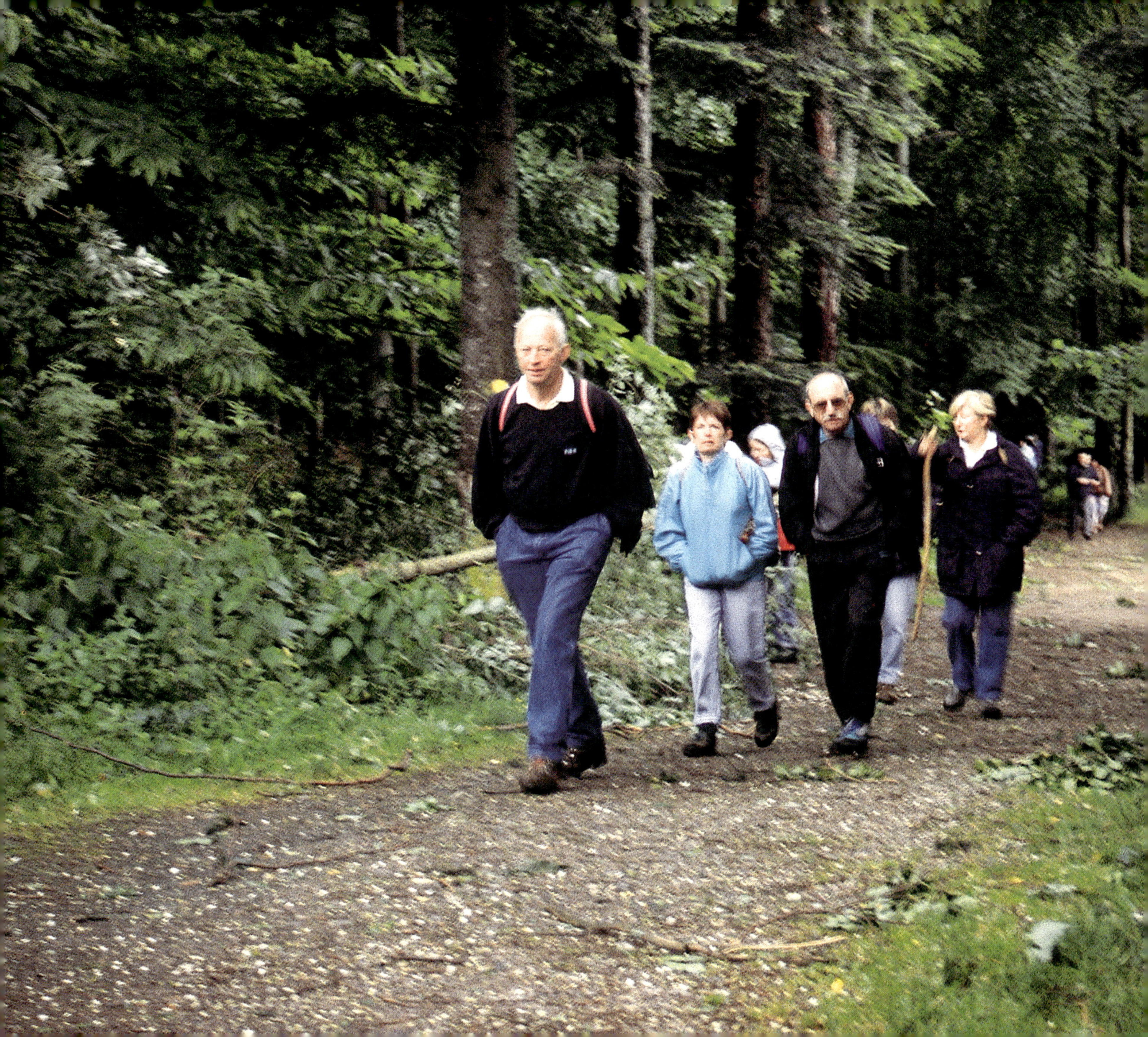

10 - La forêt pour tous

75 % des français vivent en ville, et certains d'entre eux, dans des grandes agglomérations, où ils sont soumis à un rythme de vie trépidant et à des contraintes épuisantes.

Ceci explique sans doute le retour vers la nature auquel on assiste de nos jours comme un retour aux sources : besoin d'authenticité, recherche de calme et de détente, quête de plaisirs simples, mais aussi de loisirs de nature : la randonnée pédestre ou équestre, le ski, le ramassage de champignons, le VTT, le parapente, l'escalade, etc…

Où retrouver mieux ses racines qu'en forêt ?

L'Alsace n'échappe pas à ce phénomène : dans cette région peuplée (200 habitants au km^2), les grandes cités (STRASBOURG, MULHOUSE, COLMAR) génèrent un besoin de nature exacerbé par l'attirance séculaire qu'ont ses habitants pour la forêt.

Par sa beauté, sa diversité, sa facilité d'accès, sa proximité des grandes concentrations urbaines, la forêt alsacienne constitue le but privilégié des citadins qui y trouvent les grands espaces dont ils ont besoin pour se ressourcer et se détendre.

Ce besoin de nature doit être géré par le forestier. Tout en veillant à protéger la forêt et ses espèces rares ou menacées, à préserver son rôle de production de bois essentiel à l'activité économique, il doit prendre en compte l'accueil du public, assurer sa sécurité et lui procurer tout l'agrément nécessaire.

◀ *Randonneurs en Forêt Domaniale de Saint-Nabor.*

Refuge en forêt. Massif du Grand Ventron.

Calme et repos

Le premier souci du forestier est de préserver le calme et le repos en forêt, éléments essentiels pour le public qui la fréquente, mais également pour la quiétude de la faune, que des dérangements trop fréquents peuvent perturber gravement. La mise en place d'une réglementation adaptée, complétée par une signalisation efficace sont indispensables : interdiction de la moto verte et du tout-terrain, limitation de l'accès aux véhicules à moteur par l'interdiction de circuler sur certaines routes et chemins forestiers : mise en place de parkings facilitant le stationnement à proximité des sites recherchés, création de zones de silence…

A chacun son loisir

Son second souci est de répondre à une demande très variée en mettant à la disposition de chacun les équipements, les supports matériels, les lieux adaptés lui permettant d'exercer en forêt l'activité ludique de son choix :
- sentiers de randonnée pédestre,
- pistes VTT,
- pistes et circuits de randonnée équestre,
- parcours de santé,
- aires de jeux,
- aires de pique-nique avec tables, bancs rustiques, abris barbecue…

Leur mise en place tient compte de l'intensité de la fréquentation du public et de sa nature : dans les zones très fréquentées, à proximité des grandes concentrations urbaines ou dans les zones touristiques, l'aménagement forestier et la sylviculture prennent en compte cette demande spécifique, avec ses contraintes particulières. Ainsi, les équipements sont concentrés de manière à canaliser le public et à préserver des zones de tranquillité, alors que dans les zones moins fréquentées, les installations se font plus discrètes, de manière à favoriser une plus grande communion entre la forêt et ses visiteurs.

Aire de jeux au Gros Chêne en Forêt Indivise de Haguenau. ▶

Le partage des usages

Le troisième souci est d'organiser et d'assurer une coexistence harmonieuse entre les différents usagers de la forêt. Un partage est en effet nécessaire entre ceux qui la fréquentent à titre professionnel et ceux qui la fréquentent pour leur plaisir, et, parmi ceux-ci, entre les différentes activités qu'ils souhaitent y exercer.

Ainsi la chasse, ou certaines formes de chasse (chasse en battue par exemple) sont-elles limitées à certaines périodes de l'année (notamment celles de forte fréquentation touristique) ou même de la semaine, afin d'éviter des conflits entre chasseurs et promeneurs et garantir la sécurité des uns et des autres.

De même, la réalisation d'équipements spécifiques permet d'apporter une réponse adaptée à chaque demande et, si cela s'avère nécessaire, de séparer les différentes activités de manière à éviter qu'elles ne se gênent entre elles : par exemple, marcheurs, cavaliers, "VTTistes" se voient offrir des circuits distincts, leur rencontre sur un même parcours pouvant générer des accidents et des conflits.

Equipements d'information et sportifs en Forêt Indivise de Haguenau et Forêt Domaniale du Krittwald. ▶

Informer et séduire

Enfin, le quatrième et dernier souci du forestier : guider, informer, sensibiliser le public et au delà, le séduire pour qu'il respecte et aime davantage la forêt.

Balisage, signalisation, panneaux guident le public et lui apportent l'information nécessaire : équipements existants, orientation, temps nécessaire pour accomplir tel circuit, dangers, précautions à prendre... Ils lui fournissent également les règles élémentaires de comportement : propreté, discrétion, respect des autres... qui doivent permettre de préserver la qualité des sites fréquentés, pour le plaisir de chacun et l'intérêt de tous.

L'aménagement de points de vue, le recours à une sylviculture évitant les interventions brutales, l'emploi de techniques particulières pour le traitement des arbres (plantation, taille, élagage, contrôle des effets de

▼ *Féérie de l'hiver sur les Hautes-Vosges.*

▲ *Forêt Domaniale de la Petite Pierre.*

l'enracinement) permettent de mettre en valeur tel paysage, de découvrir ou de préserver telle ruine ou tel monument envahi par la végétation, de fournir à tel château l'écrin de verdure qui en souligne la beauté, etc...

A ceux qui désirent dépasser le simple exercice d'une activité de loisirs, le forestier propose des sentiers et circuits de découverte, des sorties guidées pour leur permettre de mieux connaître la forêt, ses paysages, sa faune, sa flore, la manière dont elle est gérée.

Ces circuits sont construits autour de sites habituellement recherchés pour leur richesse botanique, paysagère... ou historique : la forêt rhénane, le Mont Sainte-Odile, le Donon, le Château de Hunebourg, le Schneeberg, Riquewhir ou les vallées de Thann et Masevaux...

Milieu de vie, la forêt participe également au maintien d'un patrimoine historique, culturel et esthétique que le forestier contribue ainsi à faire découvrir, à valoriser et à mettre à la portée de tous.

Concertation et partenariat

Cette politique d'accueil et d'entretien de la forêt est menée autant que possible en concertation avec les usagers et les organismes qui les représentent, pour une meilleure prise en compte de leurs besoins et de leurs attentes, mais aussi pour le concours précieux qu'en amoureux de la forêt et de la nature ils apportent bénévolement et sans quoi la forêt alsacienne ne serait pas aussi accueillante et hospitalière. Tels le Club Vosgien, qui, depuis 125 ans, entretient et balise les sentiers de randonnée, la Fédération Française des Sports Populaires, la Fédération Française de Randonnée Pédestre, l'Association Régionale de Tourisme Équestre, la Fédération de VTT, etc... avec lesquels l'ONF a conclu des conventions de partenariat.

Cette politique bénéficie de l'aide technique et du soutien financier des collectivités locales : région, départements, communes et organismes intercommunaux, parcs naturels régionaux des Vosges du Nord et des Ballons des Vosges. Au delà de l'enjeu social auquel tous ces acteurs de la vie locale sont attachés, existe en effet un enjeu économique important : le développement autour de la nature d'une activité touristique créatrice de richesses et d'emplois, véritable "or vert", dont la forêt constitue en Alsace l'un des plus importants gisements.

◀ *Forêt de Rosheim.*

François Schilling : le garde-nature

Le triage dont s'occupe François Schilling à Dalhunden se compose essentiellement de forêts rhénanes. "Il y a vingt ans, ces endroits n'étaient pour beaucoup que des trous à moustiques". Depuis, les scientifiques, les naturalistes ont su mettre en évidence la richesse de ces milieux qui ont fait l'objet d'un arrêté de protection du biotope en 1988. François Schilling a été le premier concerné par une telle mesure. Sa mission a alors évolué. "L'ONF, explique-t-il, devait montrer qu'il savait gérer des milieux naturels exceptionnels. Ma fonction a pris une autre dimension. Les contacts avec les scientifiques se sont multipliés. Au début, je les appréhendais. L'expérience aidant, j'ai constaté que je pouvais utilement apporter mon concours aux experts. Ne serait-ce que pour les aider à positionner leurs travaux. A décrire par exemple, à l'intention d'un botaniste, l'environnement de la plante rare qu'il était venu étudier".

François Schilling s'est pris au jeu. Il s'est glissé dans la peau d'un conservateur de musée naturel.

Puis il s'est intéressé à ce qui se passait autour de son triage. En siégeant dans le groupe de travail qui réfléchissait à la sauvegarde de la basse vallée de la Moder. Un secteur qui ne bénéficie pas du régime forestier mais qui fait lui aussi l'objet de mesures de protection.

Lorsqu'un dispositif de surveillance a été envisagé, l'ONF s'est mis sur les rangs. Et, à l'automne 1995, dans le cadre d'une convention avec le département du Bas-Rhin et les communes concernées, François Schilling a été nommé garde-nature.

Ainsi, quotidiennement ou presque, il quitte son triage. Il troque son képi d'agent ONF contre sa nouvelle casquette. Il va à la rencontre des pêcheurs. Il sensibilise les riverains de la Moder au respect des dispositions de l'arrêté de protection : "l'objectif de mon action est que les gens ne subissent pas la réglementation mais prennent conscience de la nécessité de préserver ce milieu". Il attire leur attention sur les excès commis au cours des trente dernières années et leur dit "Stop ! C'est de votre patrimoine qu'il s'agit. Ne le gâchez pas !".

François Schilling compte beaucoup sur l'appui des jeunes. Il ne manque pas une occasion de sortir avec eux sur le terrain, organise des jeux, des ateliers autour de la connaissance des roselières, des saules têtards, des castors… "Je leur explique ce qu'était la nature, ce qu'elle est devenue. Ce que l'on voudrait qu'elle devienne… Le contact avec les écoliers notamment est génial".

Il arrive aussi que le garde-nature se montre répressif pour faire démonter une construction hideuse, enlever les détritus, éviter une coupe à blanc ou la plantation d'essences qui risquent de nuire à la qualité du paysage.

L'agent ONF retourne aux sources, celles du garde-forestier.

Les Eaux & Forêts, l'épopée du XII^(ème) au XXI^(ème) siècle

Les Eaux & Forêts,
l'épopée du XIIème au XXIème siècle

LA FORET ENTRE LA NATURE ET L'HOMME

Du premier jour...

Après la fin des glaciations, il y a plus de 10 000 ans, la forêt a commencé sa lente reconquête depuis le sud de l'Europe où elle était restée confinée, jusqu'au nord. Mais de nombreux types de forêts que nous connaissons aujourd'hui sont encore bien plus jeunes ; pas plus de 5 000 ans, par exemple, pour la hêtraie-sapinière ou la hêtraie-chênaie. La forêt a ainsi généreusement recouvert de son manteau la majeure partie de notre territoire, au fur et à mesure du réchauffement climatique. On estime qu'au Ier siècle après J.-C. (Gaule romaine), la France, en considérant son contour actuel, était boisée à 80 %.

Suivant le réchauffement post-glaciaire, la colonisation humaine s'est aussi faite selon un gradient orienté du sud au nord, depuis le Proche-Orient et la Grèce, il y a 10 000 ans, jusqu'à la Scandinavie il y a 4 500 ans. L'implantation des populations humaines en Alsace daterait de 7 à 8 000 ans environ...

... A l'exploitation minière de la forêt

Les populations humaines se sont développées au détriment de la forêt ; le néolithique, il y a 7 000 ans, est un tournant qui marque le début des déboisements et de l'agriculture. Ces défrichements se poursuivront tout au long de l'époque Gallo-romaine, au Moyen Age, sous l'impulsion des moines et des seigneurs entre le IXème et le XIIIème siècle. Partout le champ gagne sur la forêt, sauf à quelques époques où les guerres, les famines, les épidémies font diminuer la population et donc ses besoins en terre cultivable. Au début du XIXème siècle, la forêt ne couvrait plus que 15% du territoire.

Depuis les temps les plus reculés, la forêt est une mère nourricière dont on abuse sans contrepartie. On en tire produits pour se nourrir, bois pour cuire, construire et se chauffer, humus pour engraisser les terrains, pacage pour le bétail, puis plus tard, le bois est le combustible très recherché pour les forges, les villes, et l'industrie naissante...

PREPARER LE RETOUR DE LA FORET

XIIème siècle : sous Philippe-Auguste, la naissance des "Eaux & Forêts"

L'appellation des "Eaux & Forêts" date d'une ordonnance de Philippe-Auguste de 1219 qui réglemente les ventes de coupes de bois et les attributions des gardes de la forêt. Si on ne peut pas encore parler d'un service forestier, l'ordonnance définit les règles de base pour l'exploitation des bois que les gardes des forêts doivent appliquer et faire respecter.

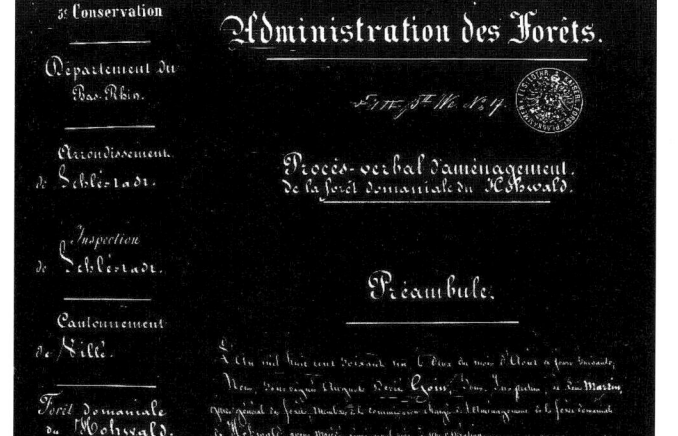

XIIIème siècle : Philippe le Bel organise

Par une ordonnance de 1291, Philippe le Bel met en place un embryon de service forestier en définissant les attributions et le rôle des maîtres des Eaux et Forêts, enquêteurs, inquisiteurs et réformateurs.

XIVème siècle : Philippe de Valois crée une "administration" des Eaux & Forêts, Charles V la conforte

C'est une période de forte pénurie de bois qui motive l'importante ordonnance de mai 1346. Elle organise et réglemente l'administration des forêts, des eaux et de la pêche pour l'ensemble du domaine royal en fixant les missions et les attributions de chacun. A mesure que grandit le domaine de la Couronne, les Eaux & Forêts prennent de l'importance car il faut surveiller, contrôler, recouvrer les redevances, soutenir la production de bois eu égard à des besoins de plus en plus impérieux pour la marine notamment. En 1340, la flotte française a été réduite à néant par les anglais, il faut la reconstruire.

L'ordonnance de juillet 1376 constitue le premier "code forestier" qui traite à la fois du nombre, des attributions, des traitements des officiers forestiers, des assiettes, des marteaux, des martelages, des exploitations de coupe, mais aussi des droits d'usage et de la police de la pêche. Les activités liées à la forêt sont réglementées.

XVème siècle : un premier bilan déjà positif

Malgré la guerre de Cent Ans et le pouvoir morcelé des seigneurs, les Eaux & Forêts se sont consolidées, le domaine royal s'est étendu, l'exploitation de la forêt y a été réglementée ainsi que tous les droits d'usage. La forêt rapporte des sommes considérables à la Couronne.

XVIème siècle : de François 1er à Henri IV l'Etat affirme son pouvoir sur la forêt

François Ier porte une attention toute particulière à la chasse et à la forêt par goût, pour le revenu qu'elle représente pour le Trésor, mais aussi par opportunité politique afin de cultiver son prestige et affirmer son autorité dans tout le royaume. Dès son accession au trône, il signe en 1515 sa première ordonnance forestière relative à l'exercice de la chasse et à la rénovation des Eaux & Forêts. Suivront de nombreux autres textes.

Débute alors une période faste pour la foresterie : évolutions techniques significatives pour l'aménagement et la culture des forêts, réglementation plus stricte des martelages et des coupes, répression plus forte des délits en forêt…

Cette période marque également un tournant dans l'action de l'Etat qui devient plus centralisateur et qui intervient de façon croissante dans les autres forêts au nom de l'intérêt public, et "pour le plus grand bien du royaume". Les missions des Eaux & Forêts sont alors très étendues suite notamment à l'ordonnance de mai 1520 qui comporte des mesures autoritaires à l'égard des propriétaires particuliers et de l'ordonnance de juin 1537 relative à la "conservation des forêts et bois de haute futaie appartenant aux églises et aux abbayes".

Malgré tous ces efforts, les forêts restent généralement trop exploitées et les directives sont souvent timidement appliquées sur le terrain. Henri IV entreprend alors une réforme forestière qui aboutit en 1597 à un édit et à une ordonnance portant Règlement Général des Eaux & Forêts. La portée de ce texte pour la forêt royale fut importante : interdiction des ventes extraordinaires, diminution du tiers des surfaces prévues en coupe, conservation de gros bois (c'est le rétablissement du "tiers en réserve"), arpentage et bornage des forêts… Bien des forêts royales furent aménagées sous le règne de Henri IV.

Cependant, la fin du XVIème siècle est marquée par une crise forestière qui sera difficilement contenue. De nombreux événements engendrent une dégradation des forêts : les effets des guerres de religion, les troubles civils pendant la régence de Marie de Médicis, la Fronde, la guerre de Trente Ans, la guerre d'Espagne avec une conséquence désastreuse sur le Trésor. De très nombreuses coupes extraordinaires viennent renflouer les finances royales. C'est une période d'abus et de désordre également marquée par de gros dysfonctionnements de l'administration forestière.

XVIIème siècle : la grande réformation de Colbert

Colbert a fortement marqué de son empreinte l'histoire forestière française et son souvenir est toujours vivace chez les forestiers. Les chênes de Colbert…

Colbert, dès sa nomination en tant qu'intendant des finances, et avec l'appui du roi Louis XIV, entreprend en 1661 une réforme en profondeur de l'administration forestière. Il est lui-même expérimenté en matière forestière, il est doté de "l'autorité suprême sur les Eaux & Forêts", et il est convaincu de la nécessité absolue de renforcer avant tout l'autorité royale sur le terrain et le respect des règlements. La grande réformation est lancée.

Il mandate des commissaires-réformateurs chargés, au nom du roi, de parcourir toutes les provinces afin de vérifier les droits des usagers, de rechercher et punir les délits, de proposer des règlements d'exploitation qui tiennent compte de "l'état et de la possibilité" de chaque forêt. Il met a profit tout le travail réalisé sur le terrain, l'expérience des réformateurs pour préparer la grande ordonnance de 1669, valant Règlement Général pour les Eaux & Forêts, et qui sera pour plus d'un siècle et demi la référence en matière de réglementation et de gestion forestière. La grande réformation s'achève en 1680, elle aura duré 20 ans. Ses effets positifs ne se font pas attendre : en moins de 25 ans, le revenu des forêts royales décuple.

L'Alsace fut une des dernières provinces touchée par la réformation. Colbert avait à coeur de terminer son oeuvre dans les secteurs de grandes forêts royales comme Haguenau ou la Harth. Cependant, la réformation ne fut que partielle, les forêts royales et des communautés, sévèrement touchées par les guerres, devaient encore fournir du bois pour les besoins militaires des villes-frontières ; la réformation devait attendre…

Les maîtrises des Eaux & Forêts en Alsace

Le roi Louis XIV crée en août 1694 une maîtrise des Eaux & Forêts à Ensisheim pour la "Haute Alsace" et à Haguenau pour la "Basse Alsace". L'édit du roi précise que chacune des maîtrises est dotée : d'un maître particulier, d'un lieutenant, d'un procureur du roi, d'un garde-marteau, d'un greffier, de deux huissiers-audienciers, d'un arpenteur, d'un sous-arpenteur, d'un sergent collecteur des amendes, des épices et des bois, et de huit sergents-gardes. Ces maîtrises relèvent de la grande maîtrise de Bourgogne.

La juridiction des deux maîtrises s'étend à l'origine sur l'ensemble des forêts. Plus tard, des propriétaires particuliers et des communautés laïques conclurent un traité avec le roi, en vertu duquel ils s'engageaient à verser annuellement à Sa Majesté un revenu, sous la réserve qu'ils pourraient disposer à leur gré de leur bois sans aucune tutelle. Il fut alors défendu aux maîtrises d'Ensisheim et de Haguenau de s'immiscer sous quelque prétexte qu'il fût dans les forêts des particuliers et des communautés sous peine "d'amende et de tous dépens, dommages et intérêts". C'est la naissance de la forêt particulière en Alsace. Dès lors la compétence des maîtrises se limita strictement aux forêts royales.

XVIIIème siècle : la forêt entre Révolution et industrie

Entre 1700 et 1789, la population française passe de 18 à 27 millions d'habitants. Les besoins en bois se sont considérablement accrus, le défrichement progresse, et l'industrie naissante nécessite des quantités de bois astronomiques. L'Administration des Eaux & Forêts tente de faire face mais la Révolution lui donne le coup de grâce ; les privilèges sont abolis, les propriétaires disposent de leur bois comme bon leur semble, les exactions en forêts royales reprennent avec force et fracas. En 1789, l'Administration des Eaux & Forêts demande au roi l'aide des régiments pour protéger les forêts nationales. "Sans bois, point de pain !".

Une période sombre s'engage pour la forêt, sans mesure positive, ni sous la Révolution, ni sous le Directoire.

Dans les vallées alsaciennes, le Baron Philippe-Frédéric de Dietrich, inventorie en 1786 et 1789, 101 mines de fer, 98 de cuivre, plomb et argent et 54 forges ou fabriques qui s'approvisionnent en combustible bois essentiellement.

Le bois occupe alors une place centrale dans les préoccupations des responsables politiques et industriels alsaciens. Souvent, les usines ne peuvent travailler toute l'année faute de bois. Dans la vallée de la Fecht (Haut-Rhin), sur 9 000 ha de forêts, "il n'en existe à peine que 4 000 en valeur". Les établissements de la famille de Dietrich de Jaegerthal, Reichshoffen, Zinswiller et Niederbronn (Bas-Rhin) ont des besoins considérables d'environ 80 000 stères par an. Il en va de même pour les autres industries telles que la métallurgie ; la verrerie de Wildenstein (Haut-Rhin) consomme 2 800 stères par an, celle d'Ober-Mattstall (Bas-Rhin) 5 000 stères par an exploités dans la forêt communale par coupe rase tous les 9 ans…

A certaines périodes ces établissements sont obligés de chômer par manque de bois, malgré les achats de combustibles à d'autres régions et à l'étranger. Le bois est une denrée rare, du fait de l'exploitation intensive que les forêts subissent de plein fouet, et pas seulement pour l'industrie mais aussi pour le chauffage des populations, la charpente, l'artisanat…

Dans les forêts communales, la révolution (c'est à dire la durée d'une génération d'arbre ou de peuplement) était souvent de 50 ans, qu'il s'agisse de forêt feuillue ou résineuse alors qu'aujourd'hui elle est par exemple de 110 ans pour le hêtre et de 150 pour le sapin. En 1787, de Dietrich obtient même la réduction de la révolution à 40 ans, en arguant que le revenu du roi passerait ainsi "de 12 livres à 16 livres l'arpent".

A la fin du XVIIIème siècle, la plupart des forêts sont très appauvries et très jeunes car les vieux et gros arbres sont rares du fait de la surexploitation. Comme l'écrit Louis Badré, si de Dietrich revenait parmi nous en Alsace, il pourrait constater que deux siècles après, de riches futaies ont remplacé les forêts ruinées et les taillis qu'il visitait.

Malgré un contexte général peu favorable à la forêt, le XVIIIème siècle est très fertile en réflexions, progrès, et innovations sylvicoles. Des débats de fond sont lancés sur la futaie et le taillis, sur les âges d'exploitation, et les méthodes de régénération notamment. Des prises de position tranchées et des échanges très vifs ont lieu au plus haut niveau entre d'illustres savants parmi lesquels Duhamel du Monceau, Vauban, Buffon, Réaumur…

Par exemple, Buffon est contre les baliveaux qu'il accuse de dépérir progressivement après avoir étouffé le taillis alors que Pannelier d'Annel prétend tout à fait le contraire et propose de détruire toutes les futaies pour favoriser le taillis sous futaie et ses baliveaux…

Une abondante littérature voit le jour sur la biologie des arbres, la sylviculture et l'intérêt des éclaircies, le reboisement…

Les forestiers cherchent des solutions à la grande diversité des problèmes rencontrés. Dans les forêts communales et ecclésiastiques des Vosges alsaciennes, la sapinière est souvent âgée et régularisée. On lui applique des coupes progressives de régénération par trouées pouvant s'étaler sur 25 ans. Cette technique est particulièrement appliquée à la forêt de Ribeauvillé en vertu d'un règlement établi en 1784.

XIXème : le siècle forestier

C'est Napoléon Bonaparte qui engage la rénovation de la foresterie française : l'Administration générale des forêts est créée, les sages mesures de Colbert sont remises à l'honneur.

Sous la Restauration, à partir de 1820, l'administration forestière va vivre une période parmi les plus riches et les plus passionnantes de son histoire. Avec Charles X une véritable politique forestière est mise en place : en 1824 l'école forestière de Nancy voit le jour et en 1827 le code forestier, "la loi forestière", est promulgué. Il constitue le fondement de l'organisation et des institutions forestières modernes : une ère nouvelle de la foresterie est ouverte. La science forestière se développe, les Annales forestières naissent, les bases modernes de la sylviculture (Parade), de l'aménagement forestier (Tassy, Nanquette, Puton), de l'exploitation des forêts (Nanquette) sont établies. En 1802, J.B. Lorentz, alors secrétaire du Sous-préfet de Barr (Bas-Rhin) publie le Manuel du forestier, véritable monographie des techniques forestières et en 1821, J.J. Baudrillard publie la première partie du Traité général des Eaux et Forêts.

L'administration forestière sort de son domaine d'intervention originel pour faire face à des calamités naturelles. Des efforts importants sont consacrés à la restauration des terrains en montagne, à la correction des torrents, à la fixation des dunes et aux améliorations pastorales. Le pouvoir politique a pris conscience du rôle protecteur et régulateur de la forêt ; de grands chantiers de reboisements sont lancés dans les Landes, en Sologne…

Sous le Second Empire (1852-1870) et grâce à l'engagement de Napoléon III, l'Administration des Eaux & Forêts connaît son apogée : elle a acquis des qualités techniques et morales qui font sa réputation en France et son prestige à l'étranger.

La Troisième République (1870-1914) poursuit les efforts en faveur de la forêt : à cette époque l'enseignement forestier français connaît une renommée exceptionnelle dans le monde entier.

Des cadres supérieurs forestiers viennent de tous les pays du globe pour se former à l'Ecole de Nancy et les services forestiers des colonies sont très étoffés.

DES EAUX & FORETS A L'OFFICE NATIONAL DES FORETS

En 1908 un inventaire général des forêts françaises est lancé. L'effort de reboisement et de reconstitution de la forêt française se poursuit, malgré les deux guerres. De nombreuses lois sont votées : la loi sur le reboisement et la conservation des forêts privées (1913), la loi sur la protection de la montagne (1922), la loi instituant le fonds forestier national (1946), la loi sur le développement et l'organisation de la forêt privée (1963).

Les jours de l'Administration des Eaux & Forêts sont comptés. Le monde a profondément changé, la productivité des forêts publiques est jugée insuffisante, l'organisation des services est ancienne, et des moyens trop faibles sont dévolus aux forestiers qui dépendent du budget de l'Etat. L'idée est lancée de créer un organisme d'Etat moderne financé par les recettes de la forêt et ce concept nouveau prendra corps avec l'Office National des Forêts. Une réforme de fond est entreprise par Georges Pompidou, alors Premier ministre, et Edgar Pisani, Ministre de l'Agriculture.

Le 23 décembre 1964, la loi qui crée l'Office National des Forêts est promulguée par le Général de Gaulle, l'établissement est mis en place le 1er janvier 1966.

L'OFFICE NATIONAL DES FORÊTS : MODE D'EMPLOI

D'abord un réseau

L'ONF est un établissement public national, implanté dans chaque région française avec une organisation territoriale très variable selon les spécificités régionales. L'architecture de l'Etablissement est une arborescence avec une tête de réseau constituée d'un Conseil d'administration et d'une Direction générale puis de directions régionales, et de services locaux dont l'unité élémentaire est le "triage forestier".

Cette organisation correspond bien sûr à un vaste ensemble humain, qui compte 13 500 personnes (1 600 en Alsace), fortement ancré dans le monde rural, et dont la figure locale est le plus souvent l'agent technique forestier encore appelé par son ancien nom de garde-forestier.

Un patrimoine étendu et diversifié à gérer

L'Office national des forêts est placé sous la tutelle du Ministère de l'Agriculture et du Ministère de l'Environnement. Dans le cadre des lois concernant la forêt et des contrats conclus avec l'Etat, il assure :

- La gestion des forêts domaniales, soit 1,7 millions d'hectares pour 1500 forêts en métropole, essentiellement issues des anciennes forêts royales et ecclésiastiques confisquées à la Révolution. Il faut y ajouter 8 millions d'hectares en Guyane et 150 000 à la Réunion, à la Martinique et à la Guadeloupe.

- La gestion des forêts des collectivités locales (communes, départements...), soit 2,6 millions d'hectares de forêts appartenant majoritairement à 11 000 communes. En France, une commune sur trois est propriétaire d'une forêt.

Outre les forêts, qui sont de nature très différentes selon les régions, les sols et les climats, l'Office gère également d'autres milieux naturels comme les tourbières, les marais, les landes, les dunes… qui représentent près de 15% des espaces qui lui sont confiés.

L'Office national des forêts est le premier gestionnaire de milieux naturels d'Europe occidentale… et le premier en Alsace.

Carte d'identité du patrimoine géré en Alsace

- 245 000 ha de forêts soit près de 80 % de la forêt alsacienne qui représente 37 % du territoire régional.
- 55 forêts domaniales et indivises pour 80 000 ha
- 656 forêts communales pour 165 000 ha

Des missions au service de la société et des générations futures

La vocation de l'ONF repose sur deux axes forts :

- La gestion "durable", qui vise sur le long terme le maintien et l'enrichissement du patrimoine forestier, et "intégrée" des forêts, qui cherche à optimiser et concilier, si possible, tous les rôles de la forêt selon les territoires : protection de la nature, production de bois, accueil du public…

- Les grandes missions de service public comme la restauration des terrains en montagne, la protection des dunes littorales, la défense contre les incendies…

Un statut original

Etablissement public, l'Office est doté d'un budget autonome, ce qui signifie qu'il doit subvenir à ses propres besoins et donc équilibrer ses comptes. L'intérêt majeur est que les recettes issues de la forêt retournent à la forêt. Ainsi, les revenus que procurent les récoltes de bois et la chasse, par exemple, sont réinvestis pour régénérer la forêt, l'entretenir, la surveiller, l'étudier et la protéger. En particulier toutes les opérations conduites de façon spécifique pour la protection de la nature comme l'inventaire de la faune et de la flore, la création et la gestion des réserves et des séries d'intérêt écologique sont financées par les ventes de bois : l'écologie passe aussi par l'économie.

Des hommes pour la forêt

Régisseur, reboiseur, sylviculteur, conducteur et contrôleur de travaux, expert… être forestier c'est maîtriser de nombreux métiers pour accompagner la vie de la forêt. Mais c'est aussi, à coté de ces généralistes de la forêt, des spécialistes ; informaticiens, juristes, botanistes, écologues… dont les compétences sont de plus en plus indispensables dans un monde évolutif et complexe, où la société demande toujours davantage à sa forêt !

Enfin, force de frappe essentielle pour réaliser les travaux forestiers et les exploitations de bois, 7 000 ouvriers, dont 1 000 en Alsace, entretiennent et soignent au quotidien la forêt d'aujourd'hui… et de demain.

Des forêts pour les hommes

La gestion forestière n'a cessé d'évoluer et de se complexifier à l'image de l'évolution et de l'histoire de la société. La forêt doit répondre aux multiples rôles que la société lui assigne ; elle doit être accueillante au visiteur qui vient se ressourcer mais aussi à la grande faune que recherche le chasseur, elle doit rendre des services et produire du bois pour l'économie, elle doit protéger ses espèces et ses milieux naturels rares qui sont des joyaux précieux…

Pour le forestier, il s'agit de trouver les compromis harmonieux entre des intérêts parfois contradictoires, de dialoguer avec les usagers, les élus, les professionnels, les spécialistes de telle façon que la gestion forestière réponde aux demandes et aux aspirations de la société. C'est le rôle de l'ONF en Alsace et de chacun de ses agents, au quotidien, sur le terrain.

En guise de conclusion provisoire…

En guise de conclusion provisoire : la forêt, l'homme, la nature : un peu de philosophie

"Les forêts ont été les premiers temples de la Divinité" (Chateaubriand - le Génie du Christianisme).

Déjà, cette citation plonge le rédacteur dans des abîmes de perplexité : il imagine des hommes chevelus, barbus (néolithiques, gaulois, "new age"…) se livrant à de mystérieuses cérémonies au fond de forêts primitives, touffues et gigantesques.

Puis se superpose l'image du jardin d'Eden, confié aux hommes, avec la suite que l'on sait. Et les elfes, les fées, les fauves, le chasseur maudit, l'ogre…

La nature accueillante des premiers matins du monde et la sylve angoissante de toutes nos terreurs.

La forêt nourrit notre imaginaire, peut-être plus qu'aucun autre élément naturel, et il reste à en concevoir une psychanalyse.

Notre propos sera beaucoup plus modeste, mais comment le forestier peut-il assimiler la complexité d'un monde où il vit, travaille, mais dont il croyait pouvoir réduire la gestion à un ensemble de techniques, assises sur des connaissances scientifiques toujours plus précises ?

La forêt serait-elle une partie de Dieu, puisqu'on ne pourra jamais l'appréhender dans sa globalité ? Aucun forestier, aucun homme ne vivra jamais assez longtemps pour suivre l'évolution de la forêt ; alors, il y voit l'éternité, et, souvent, la fige dans le présent, ou alors veut la changer très vite, comme on repeint un mur.

Science, illusion, fantasme, magie, tout se confond.

Dans toutes les langues celtiques, les vocables "bois" et "science" sont homonymes. Nos ancêtres gaulois rêvaient d'une harmonie des forces au sein de la nature, et entre la nature et l'homme.

Dans les anciens temps chrétiens, les saints ermites, Arbogast à Haguenau, Florent à Haslach, retrouvaient cette harmonie, entourés d'animaux dociles, subjugués par leur piété.

Le Docteur Ulrich a pu écrire, dans la même continuité : *"la sympathie que je ressens pour l'arbre, l'arbre vieux, l'arbre immense, ranime en moi un archaïque phénomène d'identification avec ces êtres extraordinaires et fascinants. Elle est la révélation des connections profondes qui nous relient aux mystères de l'unité organique"* (Saisons d'Alsace).

L'homme, poussière d'étoiles et (ou) ultime rejet (au sens forestier du terme : rejeton) de la grande forêt primaire, de la "mère nature" ?

Et le Pasteur Trautmann, fervent "écologiste", évoquant (toujours dans Saisons d'Alsace) la mémoire de Monsieur Maresquelle, un des pionniers de la mouvance "écologiste" en Alsace, le voit *"incarner ce protestantisme sensible à la création comme oeuvre de Dieu, et, dans ce sens creuset idéologique privilégié du mouvement en faveur de la protection de la Nature"*.

Les forestiers retrouvent aussi une sensibilité perdue. En Alsace :

* ils participent au Mont Sainte-Odile, la nuit, en lisière de forêt, à un spectacle intitulé *"la mélodie des mots sauvages"*.
* ils organisent des sessions de formation sur l'imaginaire et la forêt, associant un philosophe et un "garde forestier".
* au niveau national, ils ont publié une anthologie poétique de la forêt (éditions du chêne).

Aurait-on imaginé cela de ceux qu'on se plait à qualifier de technocrates : ces "coupeurs de bois" s'occupent de nature, d'oiseaux, de biodiversité ! Et même les institutions européennes, si souvent présentées comme des monstres sans âme, publient des directives sur la protection des oiseaux et des habitats !

La forêt est plus qu'un ensemble d'arbres, qu'un écosystème complexe, qu'un milieu naturel privilégié ; elle retrouve sa symbiose avec l'âme humaine en ce siècle finissant, son imbrication ancienne avec la mémoire collective, les mythes, l'inconscient de l'homme, témoins d'une très longue histoire commune.

Les racines de l'homme sont enchevêtrées avec celles des arbres depuis l'aube des temps. Alors, oublions les querelles, les chapelles. N'essayons pas de nous approprier égoïstement cette merveille, de la rendre conforme à nos fantasmes.

La forêt est une et plurielle, éternelle et changeante. Un peu d'humilité est nécessaire pour bien l'aborder, l'effleurer…

Une forêt pour les hommes et des hommes pour la forêt. Les forestiers y mettent leur savoir et leur coeur ; ils ne sont pas seuls : aucun homme ne reste muet lorsqu'on lui parle de forêt, de nature et même si sa culture l'en éloigne trop souvent de nos jours, son coeur réagit aussitôt.

Les forestiers doivent concilier de multiples impératifs touchant à l'économie, à l'emploi, à la protection de l'environnement, à la fréquentation, à la culture, aux paysages, à l'histoire.

C'est déjà très difficile, mais il doivent s'ouvrir davantage à leurs contemporains, concevoir une "forêt citoyenne", et, dans une société qui ne vit que pour l'instant, envisager constamment le long terme, la pérennité, la vie.

Ils participeront à ce défi du XXIème siècle, non seulement en spécialistes, mais aussi avec leur coeur. Le sujet est si vaste, si fondamental qu'ils ne peuvent se passer des autres, de tous les autres.

Chacun, forestier, amateur, ou simple citoyen doit, dans ce débat, voir loin et vaste, et dépasser ses préoccupations du moment, ses intérêts personnels.

Les rédacteurs de ce livre, sans prétention, souhaitent, en tout cas, transmettre à leurs lecteurs, un peu de l'amour que les forestiers portent à la forêt, qui est la nature, la vie, l'avenir de l'homme.

Garde-nature en forêt rhénane. ▶

Lexique

Lexique

Chapitre 1

hercynien : cycle de l'ère primaire responsable de la formation des massifs anciens (Bretagne, Ardennes, Massif Central, Vosges,…)

thalwegs (ou talweg) : ligne théorique joignant les points les plus bas d'une vallée ou d'un vallon.

piémont : zone située au pied des massifs montagneux. Constituée essentiellement d'éléments détritiques provenant de l'érosion des reliefs voisins ; cette zone est souvent en pente faible.

écosystème : système biologique fonctionnel intégrant l'ensemble des êtres vivants en relation avec leur milieu de vie, dans une station donnée.

Chapitre 2

chaumes : pelouses herbacées situées parfois en altitude au-dessus de la végétation forestière (hautes-chaumes).

taillis : peuplement forestier composé d'arbres issus de rejets de souche.

tanin : substance contenue dans de nombreux végétaux, en particulier dans l'écorce (chêne, chataignier) servant au traitement des cuirs (les rend imputrescibles), à la fabrication d'encres. C'est également cette substance qui colore et donne du goût aux vins et alcools.

mégisserie : art de préparer des cuirs destinés ensuite à la ganterie et la pelleterie. Les peaux sont plongées dans un bain d'eau, de cendre et d'alun.

alluviales : formées d'alluvions [dépôts meubles (galets, graviers, sables, limons) laissés par un cours d'eau ou un glacier. Ces dépôts peuvent avoir été transportés sur de grandes distances.].

pubescent : couvert de poils fins et courts (tige ou feuille pubescente).

ried : paysage typique du lit majeur du Rhin ou de l'Ill ; dépression tourbeuse.

limons : formations meubles composées d'éléments détritiques (d'érosion) déposés par les eaux ou le vent (les limons se distinguent des sables et de l'argile par la dimension de leurs particules, intermédiaires entre ces deux derniers).

Chapitre 3

futaie : peuplement forestier composé d'arbres issus de semis (graines) ou de plants (plantés).

cerne : chacun des cercles concentriques du bois d'un arbre.

Chapitre 4

sylviculture : techniques de culture des peuplements forestiers.

aménagement forestier : document qui détermine, pour une forêt donnée, les objectifs de la gestion à moyen et long terme.

frondaison : apparition des feuilles sur les arbres (le printemps est l'époque de la frondaison).

Chapitre 5

gestion durable : gestion à long terme, assurant la pérennité des milieux.

gestion intégrée : gestion prenant en compte l'ensemble des contraintes et des éléments d'un milieu ou d'une forêt.

Chapitre 6

bioindicateur : espèce ou groupe d'espèces dont la présence renseigne sur les caractéristiques d'un milieu.

dépérissement : dégradation de l'état sanitaire.

sénescence : processus physiologique du vieillissement.

placettes d'observation : petites parcelles de terrain repérées pour des observations précises.

dendrochronologie : étude des cernes d'accroissement annuel du bois permettant de reconstituer l'histoire de sa croissance.

peuplement monospécifique : peuplement composé d'une seule essence.

défoliateurs : insectes ou ravageurs mangeant les feuilles ou les aiguilles des arbres.

cochenilles : insectes parasites dont les larves se fixent sur les sujets attaqués (cochenilles du hêtre par exemple).

chancre : maladie du tronc ou des branches (ulcère) provoquée par des attaques de champignons ou de certains microbes.

scolytes : insectes ravageurs des arbres. Le plus connu est le bostryche, ravageur de l'épicéa, qui provoque régulièrement des dégâts importants dans les peuplements.

typographe : espèce de scolyte dont les larves creusent des galeries aux dessins caractéristiques.

chalcographe : autre espèce de scolyte (insecte ravageur).

ravageurs primaires : insectes ou champignons attaquant les arbres en premier.

Chapitre 7

grume : tronc d'un arbre abattu et ébranché.

bois en stère : bois destiné au chauffage ou à l'industrie, coupé en longueur de 1m et empilé sur 1m de hauteur.

régie "directe" : lorsque l'exploitation est assurée par la propre main-d'oeuvre du propriétaire forestier qui en est l'employeur. Compte tenu de l'étendue du domaine forestier régional et de l'importance du volume exploité annuellement la "régie directe" suppose l'existence d'une main d'oeuvre nombreuse, locale, stable et qualifiée.

régie "d'entreprise" : il est fait appel aux services d'un entrepreneur pour l'exécution des travaux. Ce type de régie est et demeure l'exception.

Chapitre 8

biodiversité : dans un espace donné, la biodiversité (ou diversité biologique) est définie par la multiplicité des "éléments de vie", représentés par des espèces animales ou végétales et/ou des milieux (écosystèmes).

sites d'intérêt écologique : sites contenant des richesses écologiques remarquables.

réserves biologiques dirigées : réserves naturelles avec une gestion de protection des milieux et des espèces.

lançage : opération consistant à lancer des bois coupés pour les sortir des collines non desservies par des chemins accessibles aux tracteurs.

schlittage : transport de bois sur des traîneaux, guidés par le schlitteur, circulant sur des chemins spécialement aménagés.

chablis : arbres abattus par le vent ou tombé de vétusté.

oiseaux cavernicoles : oiseaux qui habitent des lieux obscurs, dans les troncs des arbres.

tourbières : étendues marécageuses dont le sol est exclusivement constitué de matière organique végétale non totalement décomposée.

landes : étendues où ne poussent que certaines plantes sauvages.

ried ellan : ried de l'Ill (v. chap. 2)

Chapitre 9

abroutissement : prélèvement de nourriture sur les jeunes plantes par les animaux.

des mâles coiffés : mâles de certaines espèces (cerf, chevreuil…) portant des bois.

chasse à l'approche : le chasseur tente de s'approcher au plus près de gibier.

chasse à l'affût : le chasseur attend l'arrivée du gibier en se cachant.

chasse en battue : le gibier est rabattu ves le chasseur.

brame : cri du cerf pendant la saison des amours.

faines : fruits du hêtre (graine).

avifaune : oiseaux.

Achevé d'imprimer par l' IMPRIMERIE ROSER - 6800 COLMAR
Novembre 1997
pour le compte l'Office National des Forêts

Auteurs :
Office National des Forêts :
Jacky Campenet, J-Marie Jantzen, Xavier Gauquelin, Frédéric Mortier,
François Tritschler, Georges Stoll, Marc-Etienne Wilhelm

Avec le concours de :
Anne Conesa, Daniel Walter

Conception, maquette :
Marc Baise

Photos :
Phototèque de l'Office National des Forêts :
(Théo Ludmann, Hubert Stoquert)
INRA (M. Perin)
Département de la Santé des Forêts
(M. Landmann, M. Nageleisen), M. Christmann.

Dépôt légal :

© 1997, ISBN : 2-84207-058-5
Tous droits réservés pour tous pays.